STOCK VALUE INVESTMENT

주식가치투자 정석시리즈

이테크산업분야

2022 개정판

저자 비피기술거래 비피제이기술거래

(주)비티타임즈

<목차>

1.  서론

1. 서론

코로나 19 사태가 발발된 지 약 2년이 된 지금, 우리의 삶은 어떻게 바뀌었으며 또 앞으로 어떤 삶을 살아가게 될까?
전 세계적으로 팬데믹을 일으키며 경제·교육·의료 다양한 분야까지 영향을 미치고 있는 코로나 19 이후의 삶 '포스트 코로나'에서 주목하고 있는 '언택트 산업분야와 관련 주식'에 대해 정리해보았다.

코로나 19 감염에 주 원인이 되는 비말과 접촉에 관련한 것들을 차단하며 안전한 삶을 영위할 수 있는 대안책으로서 언택트 문화 열풍이 불었고, 언택트 산업을 바탕으로 정부와 여러 기관에서 발맞추어 지원에 힘쓰고 있다. 어떠한 전문가는 우리는 코로나 19가 종식되더라도 그 이전의 삶으로 돌아갈 수 없다고 밝힌 바 있다.
그렇기에 더더욱 '포스트 코로나' 에 관련한 '언택트 산업'에 관심을 가질 필요가 있다.

'**포스트 코로나**'는 코로나19 사태 극복 이후에 맞이하게 될 새로운 시대와 상황을 뜻하는 말이다. 현재 코로나19는 전 세계 곳곳에 퍼져나가고 있으며, 팬데믹 선언으로 이어졌다.
코로나19 사태로 인하여 정치·경제·사회·문화 등을 비롯한 모든 영역이 많은 어려움과 변화를 겪고 있다. 현재까지 가장 큰 변화로 꼽히는 것은 대면을 최소화 하는 '언택트 문화'가 자리잡았다는 것이다. 이를 바탕으로 '포스트 코로나' 상황에는 비대면 온라인 사업, 디지털 산업화 등의 언택트 문화를 바탕으로 한 산업과 정책들이 빠르게 진행될 것으로 전망되고 있다.

　언택트 : (un + contact) 로 이루어진 비대면·비접촉 방식을 가리키는 합성어이다.

　현재 코로나19 사태속에 사람들 간의 접촉을 최소화 하는 사회적 거리두기 시행으로 인해 생겨난 문화이다.

실제로 사람들이 외출을 즐기는 것 대신, 집안에서 보내는 시간이 증가함에 따라, 가정에서　여러 경제활동을 즐기는 것을 뜻하는 '홈코노미' 시장이 성장했다. 반면, 오프라인 매장은 매출이 떨어지게 되었으며 온라인 쇼핑이나 실내에서 즐길 수 있는 취미 관련 제품들은 큰 인기를 끌고 있다. 이를 바탕으로 급부상하고 있는 산업이 바로 '**언택트 산업**' 이다.

2. 코로나19로 인해 생겨난 사회 문화

2. 코로나19로 인해 생겨난 사회 문화

가. 원격수업·재택근무

코로나19로 인해 현재 사회에서는 재택근무의 확산과, 온라인 수업 진행, 화상면접을 활용한 신규 채용 등의 다양한 변화가 이어지고 있다.

특히 교육 분야에서는 유치원·초·중·고교의 개학 연기가 이뤄졌지만, 코로나19 확산세가 계속되면서 교육부는 고등학교 3학년 학생들을 시작으로 온라인 개학을 순차 시행했다. 온라인 개학은 교사와 학생이 실시간으로 소통하며 수업을 진행하는 '쌍방향형', EBS 방송이나 교사가 사전에 녹화한 영상으로 진행하는 '콘텐츠 활용형', 과제로 대체하는 '과제 수행형' 등 3개 유형을 꼽을 수 있다. 회사에서는 코로나19 확산 방지를 위해 출퇴근 시간을 활용한 유연근무제 시행과, 재택근무제를 확대하여 진행하고 있다. 이를 통해 포스트 코로나 시대에서는 원격수업·재택근무가 정착되는 변화가 일어나게 될 것이고, 이것이 4차 산업혁명 시대의 전환을 가속화 시킬 것이라는 예측이 나오고 있다.

나. 새로운 문화소비 방식의 등장

  코로나19 확산 방지를 위한 비대면·비접촉 문화의 확산은 공연, 스포츠 문화까지 영향을 미쳤다. 초반에는 야구·축구 경기에서 처음으로 무관중 경기가 진행되었고, 공연과 콘서트 등은 온라인 중계로 이뤄지는 사례도 나오고 있지만, 코로나19의 장기화로 인해서, 최근에는 사회적 거리두기로 인한 최소의 관중들로 관람을 허용하기 시작했다. 이를 통해 포스트 코로나 시대에서는 온라인 관람 등의 문화 산업을 소비하는 새로운 방식이 등장할 것이라는 예측이 나오고 있다.

3. 언택트 산업의 확산으로 인해 변화하고 있는 여러 분야들

3. 언택트 산업의 확산으로 인해 변화하고 있는 여러 분야들

위드코로나에 돌입하면서 코로나 19사태 이후 부진을 겪었던 대면 서비스업종 카드매출이 회복세를 보이고 있다. 대면서비스업의 업황이 살아날 조짐을 보이면서 내수 반등에 대한 기대감도 커지는 상황이다.

기획재정부에 따르면, 이달부터 위드 코로나 체제에 들어가면서 11월 둘째 주까지 음식점 카드 매출액은 2년 전 같은 기간보다 0.7% 증가했다. 이는 지난 7월 -18.1%, 8월 -25.6%, 9월 -11.6%, 10월 -8.0% 등으로 마이너스를 지속했던 것과 상반된 흐름이다.

가. 교육 분야

가장 민감하고 빠르게 대응하고 있는 분야이다. 대학교를 시작으로 현재 등교가 이뤄진 초·중·고등학교에서도 등교를 중지하고 다시 온라인 수업으로 진행하는 등의 긴밀한 대응들이 온라인 수업을 활용하여 이뤄지고 있지만, 현재에는 대면수업과 비대면 수업 번갈아가면서 격주로 등교를 하는 시점에서 학생들의 학습권을 보장하고, 안전한 교육이 이뤄질 수 있도록 하는 방법으로 적극 활용되어지고 있으며, 단점으로 꼽히고 있는 학습의 질 향상을 위해서도 많은 노력이 이뤄지고 있는 분야이다.

나. 재택 근무 [1]

직장인 "평균 52일 재택근무 했다"
*직장인 839명 대상 조사 결과, 자료제공: 잡코리아

대기업	61일
중견기업	57일
중소기업	48일
공기업/공공기관	40일
전체	52일

국내 코로나19 확산으로 인한 재택근무 현황[2]

현재 코로나19 사태의 장기화 이후 직장인들은 평균 52일간 재택근무를 한 것으로 나타났다. 또 기업의 절반 이상은 직원들이 재택근무와 사업장에 출근했을 때 각각 생산성의 차이가 없다고 답변했다. 잡코리아에 따르면, 재택근무 기간은 기업 규모별로 차이가 컸다. 대기업(61일)과 중견기업(57일)에서는 전체 평균보다 길게 재택근무를 했고, 중소기업(48일)과 공기업·공공기관(40일) 직장인의 재택근무 일수는 평균보다 적었다. 취업 플랫폼 잡코리아가 직장인 839명을 대상으로 재택근무 현황을 조사한 결과다.

다만, 회사가 거리 두기 단계에 따라 적극적으로 재택근무를 권

---

1) 코로나로 평균 52일 재택근무/ 더중앙 경제

했는가 질문에는 공기업·공공기관 직장인의 79%가 '그렇다'고 답했다. 그러나 중소기업 직장인의 절반 가까이(47%)는 재택근무 경험이 아예 없는 것으로 조사됐다. 변지성 잡코리아 팀장은 "직장인 95%는 새해에도 재택근무가 필요하다고 답했고, 필요하지 않다는 의견은 5%에 그쳤다"며 "이들은 거리 두기 단계가 낮아지거나 코로나19가 종식될 때까지 재택근무를 해야 한다는 입장"이라고 설명했다.

다. 촬영장비 관련 산업[3]

재택근무의 확산, 온라인 실시간 수업 등을 위해 필수적으로 필요한 촬영 장비 (카메라, 음향 등) 의 소비가 급증하였으며, 온라인 개학을 발표한 후에는 품귀사태까지 빚어지는 진풍경이 펼쳐졌다. 다나와에 따르면, 웹캠 판매량은 전주에 비해 약41%나 늘어났으며, 지마켓에서도 웹캠 판매량이 52% 가장 증가했다.

현재 일체형PC·노트북의 웹캠은 대부분 최대 해상도가 HD급 (1280×720 화소)에 그친다. 웹캠이 없는 데스크톱PC를 이용하거나, 일체형PC·노트북의 웹캠 해상도와 화질에 만족하지 못한 소비자들이 웹캠 구매에 나선 것으로 보인다.

---

3) 코로나 재확산에 웹캠, 노트북 판매도 덩달아 들썩/ ZDNet korea

라. 물류 분야

언택트 산업으로 인해 마트나 시장을 찾는 대신, 온라인으로 장을 보는 문화가 확대되었고 이로 인해 물류 및 배송 분야가 더욱 성장하였다. 또한 코로나19 확산 방지를 위한 사회적 거리두기 시행에 맞추어 '언택트 배송' 이라는 새로운 배송 체계를 확립하여 소비자들에게 신뢰를 주고, 코로나19 확산 방지에도 많은 도움을 주고 있다.

그 대표적인 예시로 CJ 대한통운은 뉴노멀 시대의 도래와 함께 '집콕', '비대면'이 일상화되면서 택배와 물류가 일상생활과 떼어놓을 수 없는 생활기간산업으로 인식되고 있다.

CJ대한통운이 배송한 택배상품은 16억개로 경제활동 인구기준 1인당 연평균 36건의 택배를 받아봄 셈이다. 또한, 코로나19로 비대면이 일상화 되면서 가장 많은 영향을 받은 상품군 중 하나는 식품이다. 지난 2020년 전체 식품군 물량은 2019년 대비 50% 이상 증가했으며, 코로나19가 처음으로 유행한 2020년 2~3월부터 급증해 상승세를 유지해왔다. 사회적거리두기로 판로가 막힌 농가를 지원하고 외출이 자유롭지 못한 소비자를 지원하는 '농산물 꾸러미'는 지난해 가장 많은 증가율을 나타낸 품목 중 하나다. 채소, 육류, 수산물 등 식재료가 담긴 '농산물 꾸러미'는 6,789% 증가했다. 신선 먹거리를 소비자의 문 앞까지 배송하는 '새벽배송 서비스'도 지난해 2월부터 급격한 증가세를 보이며 181% 늘어났다.

마. 외식 분야

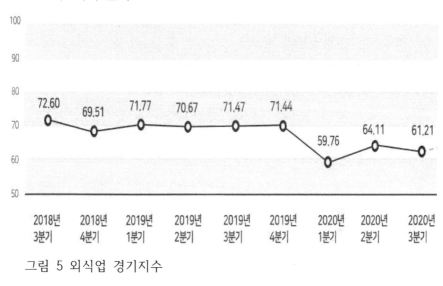

그림 5 외식업 경기지수

사람간의 접촉을 최소화하는 '사회적 거리두기' 시행을 통해 직격
탄을 맞은 외식 업계들은 배달 및 포장 시장으로 눈을 돌려 1인분
배달 및 다양한 행사와 구성으로 소비자들에게 다가가려 하고 있
다. 식당내에서 식사를 하더라도, 철저한 소독과 방역을 진행하고
있다는 팻말을 걸어두고 손님들 간의 간격을 두어 자리를 안내하
는 등의 다양한 노력을 통해 변화하고 있다.

바. 게임 분야[4]

대한민국 게임백서에 따르면, 2020년 국내 게임 시장규모가 약 17조 93억 원에 달하면서 전년보단 9.2% 성장했다. 2019년엔 마이너스 성장을 기록했던 PC 게임 분야가 플러스 성장으로 바뀌었고, 모바일 게임 분야는 21%, 가정용 게임기로 즐기는 콘솔 게임은 25% 정도 늘었다.

시장조사기관 뉴주에 따르면, 전년 대비 19.6% 성장해서 매출이 약 1,749억 달러, 우리 돈으로 거의 200조 원이 넘을 거라고 보고 있다. 특히 모바일 게임과 콘솔 게임 시장이 커지면서, 모바일은 전년 대비 25%, 콘솔 게임은 21% 정도 늘었다.

이로인해, 게임산업을 관통하는 트렌드는 '크로스 플레이·게임구독·IP 게임', 3가지로 정리할 수 있을 듯하다. 크로스 플레이는 넷플릭스 같은 스트리밍 영상 서비스를 쓸 때를 보면, 스마트폰이나 TV, 컴퓨터 같은 기기를 가리지 않고 어디서나 원하는 기기로 영화를 볼 수 있는것과 비슷하면서 요약하면, 하나의 게임을 모바일과 PC, 콘솔 게임기에서 모두 즐길 수 있다.

---

4)코로나 19 이후 게임산업 급성장/ YTN사이언스

사. 여행 및 여가활동 분야 5)

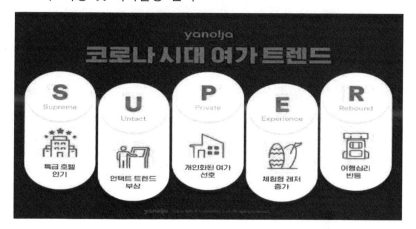

그림 6
코로나 시대 여가 트렌드

야놀자는 코로나19 확산 이후 지난 3월부터 5월까지 이용 데이
터를 분석해 코로나시대의 여가 트렌드로 'S.U.P.E.R' 5가지 흐름을
분석했다.

5가지 새로운 트렌드는 특급 (Supreme), 언택트 (Untact), 개인화
(Private), 의미있는 경험(Experience), 반등(Rebound) 등이 있다.
먼저, 특급이란 특급호텔의 인기를 말한다. 해외로 가는길이 막히
자 수요자들은 국내 여행을 선택하는 대신, 비용 대비 최상의 경
험과 서비스를 누릴 수 있는 프리미엄 숙소에서의 호캉스를 선택
하는 수요가 크게 늘었다.

---

5) 코로나시대 신 여가트랜드 'SUPER' 부각/ 국토일보

언택트와 개인화는 말 그대로 타인과의 접촉을 최소화하는 것을 말한다. 키오스크를 적극 도입한 업체들의 인기가 늘어나는가 하면, 같은 호캉스를 즐기더라도 독립된 객실 내의 만족도를 최대화할 수 있는 시설을 선호하는 모습이다.

다양한 경험을 원하는 수요도 늘고 있다. 공간과 활동에 대한 제약이 커지며 실내에서 하는 관람보다 소규모 체험형 레저활동의 인기가 급증한것이면서 대표적인 예는 서핑과 같은 레포츠이다.

마지막으로 반등은 코로나 이후 여행심리의 빠른 회복을 의미한면서, 그간 누리지 못했던 여행에 대한 보상심리로 인해 코로니19가 안정되면 여행수요가 급증 될 것으로 내다보고 있다.

야놀자 관계자는 코로나19의 영향으로 여행폭이 좁아지면서 안전하면서도 특별한 경험을 추구하는 여행객이 증가하는 현상이 나타나고 있다고 밝혔다.

아. 금융 분야

금융서비스 전달채널별 업무처리비중[1][2]
(입출금 및 자금이체 거래건수 기준)

(%)

	창구	CD/ATM	텔레뱅킹	인터넷뱅킹	전체
2019년 6월	7.6	27.9	6.6	57.9	100.0
12월	7.7	25.8	6.1	60.4	100.0
2020년 6월	7.1	22.5	5.6	64.8	100.0
12월	6.8	20.2	4.9	68.1	100.0
2021년 6월	6.1	18.9	4.1	70.9	100.0

인터넷뱅킹 서비스 이용실적[1][2]
(일평균 기준)

(억원, 만건, %)

		2019		2020		2021
		상반기	하반기	상반기	하반기	상반기
이용금액	인터넷뱅킹(A+B)	477,141	498,964	552,997	626,552	680,277 (8.6)
	(모바일뱅킹)	59,996	67,822	83,134	105,059	125,891 (19.8)
	<비중>	<12.6>	<13.6>	<15.0>	<16.8>	<18.5>
	자금이체서비스(A)	475,223	497,031	550,677	619,279	673,102 (8.7)
	대출신청서비스(B)	1,918	1,933	2,320	7,273	7,175 (-1.3)
이용건수	인터넷뱅킹(C+D)	1,203	1,340	1,392	1,544	1,703 (10.3)
	(모바일뱅킹)	879	1,021	1,096	1,240	1,405 (13.3)
	<비중>	<73.1>	<76.2>	<78.7>	<80.3>	<82.5>
	자금이체서비스(C)	1,201	1,339	1,390	1,541	1,700 (10.3)
	대출신청서비스(D)	1.6	1.4	1.6	2.5	3.0 (18.6)

은행 전달채널별 업무처리 비중[6]

금융 분야에서는 코로나19 이전부터 언택트 업무가 이뤄지던 분야이다. 대표적인 예시로 통장을 개설할 때 스마트폰만 있으면 누구나 간편하게 통장을 개설할 수 있었고, 카카오뱅크와 같이 아예 지점이 없는 은행도 있었다. 온라인으로 모든 것으로 처리할 수

---

6) 한국은행

있기 때문이다. 하지만, 이번 코로나19 사태 이후로 비대면 업무처리 비중이 급증하였다.

은행권 코로나19 대응 현황

은행	주요 대응
KB국민	비상대책위, 종합상황반 운영
신한	일일보고 정례화 및 단계별 인력 운영
하나	은행장이 비생대책위원장 맡아 위기대응
우리	코로나19 위기대응 TFT 운영, 업무지원그룹 중심 부서 참여
NH농협	은행장 주관 비생대책위 운영, 비상상황 발생히 비대위 가동
IBK기업	비상경영 체계 전환, 모바일 대출서비스 출시 예정

그림 9
은행권 코로나19 대응 현황7)

이러한 사태를 대비하기 위해 각 사에서는 다양한 정책과 대응으로 극복하려는 움직임이 보이고 있다. 가장 두드러지는 것은 모바일 상품의 확대이다.

또한, 은행장이 직접 비상대책위원회를 맡거나, 종합상황반을 운영하여 언택트 금융 시대를 적극적으로 기회로 삼고자 노력하고 있다.

그렇기 때문에 가속화되는 언택트 산업의 시대에 가장 유연한 대처가 가능한 산업으로 전망되어지고 있다. 금융 분야는 판매 채널의 비대면화를 가속화시키고, 기존의 상품 니즈 또한 언택트 시대에 맞게 온라인에 보다 특화된 상품의 역량 확보를 통해 경쟁력을 키워나갈 것으로 전망된다.

---

7) http://bitly.kr/dvPOxb3r1Y!

4. 전문기관에서 바라보는 코로나19와 언택트 산업

4. 전문기관에서 바라보는 코로나 19와 언택트 산업

코로나19 이후 여러 정부에서 발표한 경기부양책은 디지털*사무 자동화 촉진, 인프라 확충, 의료*보건 시스템 확대 등이 주로 포함되어 있다.

이에 따라 관련 분야인 건설장비, 산업용 로봇, 의약품, 의료기기, 진단키트, 통신*철도시설 장비, 홈오피스 기기 등에 대해 관심이 증가할 전망이다.

구글 트렌드에서는 통해 최근, 각 국가별로 최고 검색량을 기록한 검색 키워드 조사를 진행하였다.

그 결과, 방역·보건·의료, 가정 내 여가생활, 언택트 소비 등을 비롯한 검색이 증가하였음을 알 수 있었다.

우리나라의 전년 대비 수출 급증 품목(소비재)은 유지가공품, 이륜차, 진공청소기, 곡류가공품, 의약품 등인 것으로 알려졌으며, 미국과 인도로는 가정용 가전제품과 컴퓨터 주변기기가 증가했다. 또한, 중국에서는 농수산 가공식품, 주방용품의 수출이 크게 증가했다.

이러한 결과를 종합하여 살펴보면, 코로나19 사태 이후에 전 세계적으로 관심이 확대되는 5대 글로벌 트렌드로는 ①의료·헬스케어, ②리모트·디지털화, ③언택트 산업, ④스마트 인프라, ⑤가정 내 소비임을 알 수 있다. 이 중에서도 가장 핵심적인 근간을 이루는 인공지능 산업과 빅데이터 산업에 대해 살펴보고자 한다.

가. 인공지능 산업 현황

한국판 뉴딜 정책에서 10대 대표사업으로도 분류된 인공지능 산업은 포스트 코로나 시대에 많은 수혜를 받을 것이라 전망되는 분야이다. 현재 코로나19로 인한 언택트 산업 열풍과 더불어 다양한 분야에서 인공지능이 적극적으로 활용되어지고 있다.

현재 AI(인공지능) 분야의 수요는 세계적으로 증가하는 추세를 보이고 있다. 과학기술정보통산부에 따르면, 지난해 데이터 산업의 전체 시장규모는 19조 2736억 원으로 전년대비 14.3% 성장했으며, 올해 3월 기준 공공데이터 개방 건수는 5만5,561건으로 전년대비 63.4% 증가해 데이터 경제 활성화를 위한 기반을 제공하고 있다.

북미가 2025년에 515억 8000달러의 수익을 창출하면서 지역들 중에 제일 높은 기록을 보여주고 있다. 실제로 북미 지역은 애플, 구글, 페이스북 등의 대기업을 중심으로 AI 시장에서 선두를 달리고 있다.

그 다음으로는 APAC 지역을 꼽을 수 있다. 2025년 328억 9000달러를 기록할 것이라는 전망이 나왔으며, 주로 중국계 기업인 바이두, 텐센트 등의 대기업을 중심으로 성장하는 모습을 보이고 있다.

유럽은 같은 해에 265억 4000달러를 기록하고 있다. 유럽은 미국

-중국 대기업을 위주로 이뤄지는 AI 시장에서 경쟁력을 확보하기 위해 향후 10년간 매해 200억 유로 이상을 투자할 것이라 밝혔다.[8]

1) 의료 분야

인공지능 기술을 활용하여 의료 진단에 적용하기 위한 노력은 이미 예전부터 이루어져 왔었다. 비대면 진료는 의사가 환자를 직접 대면하여 제동하는 진료 및 상담비스를 원거리에서 제공하는 것이다. 코로나 19이후 정부에서 한시적으로 허용하고 있는 전화상담* 처방은 비대면진료의 한유형으로 2020년 12월 감염법 개정을 통해 이 법안이 통과되었고 법적 허용 범위도 가능해졌다.

현재 국내 비대면진료와 관련된 사업으로 만성질환 대상자 대상 웨어러블 기기 보급 및 질환 관리, 의료기관과 지역의 생활치료센터 연계, 모바일 앱을 활용한 진료, 처방전 요청 및 전달, 의료비 수납 원스톱 등의 다양한 사업들을 시행하고 있다.

---

8) 급증하는 AI수요, 테크월드, 2020.07.13 참고.

2) 금융 분야

최근 정부의 디지털 뉴딜 정책과 더불어 금융위원회에서 발표한
금융분야 AI 활성화 WG 구성안에서는 인공지능을 적극 활용하여
금융에서의 인공지능 융합에 앞장서고 있다.

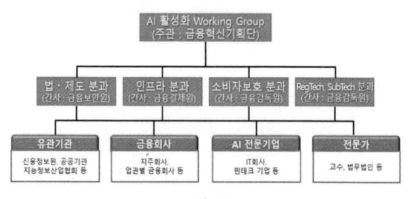

< 금융분야 AI 활성화 WG 구성안 >

그림 11
금융분야 AI 활성화 WG 구성안[9]

특히 금융분야에서는 신용평가·여신심사 등의 부분에서 데이터
활용이 활성화 되어 있기 때문에 인공지능을 도입했을 때의
효과가 더욱 클 것으로 예상되는 분야이다.

---

9) AI활성화 워킹그룹 킥오프, EBN, 2020.07.16. 참고.

워킹그룹은 인공지능 금융서비스와 관련한 금융 규제를 확인하여
금융 활성화를 억제하는 관련 규제를 개선하는 방안에 대해
연구하고, 가이드라인을 마련하여 인공지능 금융서비스에 특화된
실무 단계를 제공한다.

이와 더불어 금융회사·핀테크 등이 AI 개발에 필요한 데이터를
수월하게 확보할 수 있도록 데이터 인프라도 함께 구축하는
역할을 한다.

인공지능이 업무처리를 하면서 생기는 소비자 피해나 잡음이
발생했을 시에 책임에 대한 주체, 혹은 구제 절차와 관련된 기준
또한 마련되어 섭테크·레그테크에 인공지능을 접목하여
금융규제에 따른 준수를 지원하고 감독 방안을 보다 효율적으로
운영하는 방안도 검토한다.

금융당국은 올해 안에 '금융분야 인공지능 활성화' 워킹그룹을
운영하여 연말까지 활성화하는 방안을 마련할 계획이다. 또한
이를 위해 정책과제 연구용역을 병행하여 금융분야에서
인공지능의 활성화를 위해 노력할 예정이다.[10]

3) 건설 분야

4차 산업혁명 시대에 맞춰 국내 대형 건설사들이 스마트 건설과
관련한 기술 확보에 열을 올리고 있다. 스마트 건설기술은 인력과
비용, 노동시간을 줄여 편리한 작업이 가능하다. 더욱이 코로나 19

---

10) AI활성화 워킹그룹 킥오프, EBN, 2020.07.16. 참고.

로 생겨난 언택트 문화의 여파로 인해 건설 분야에서 디지털 전환이 가속화되고 있다. 실제로 현장에서는 인공지능과 빅데이터 등의 스마트 건설 신기술을 적용한 주거 플랫폼을 선보이고 있다.

4차 산업혁명 시대와 더불어 코로나 19로 인한 언택트 문화 확산을 계기로 스마트 건설 기술은 건설 현장 속에서 필수적인 요소가 되었다.

최근 현대건설은 코로나 19로 미뤄졌던 해외 대형현장 공사와 주택사업 호조 등에 힘입어 실적 성장세를 보이고 있다. 현대건설은 최근 사우디 마잔 가스처리 공사와 카타르 루사일 프라자 타워 공사 등 해외 대형현장이 본격 진행에 들어간 데 따른 것으로 풀이된다. 이중 사우디 마잔 프로젝트는 사우디 국영기업 아람코가 발주한 EPC(설계·조달·시공) 플랜트 공사로 2019년 5월 함께 수주한 가스처리 시설과 원유처리 시설 수주액이 총 3조2000억원(27억달러)에 달한다.

그동안 현대건설을 비롯한 국내 대형건설사의 주 수익원이었던 중동 EPC 프로젝트 공사는 코로나19 확산 여파와 저유가 기조로 인해 침체된 바 있다. 그러나 올 하반기 들어 유가가 회복되고 있는 데다 위드코로나 기조가 확산되고 있어 해외 매출 및 수주실적이 본격 성장세에 진입할 전망이다.   11)

---

11) 현대건설 3분기 영업이익 57.6% 증가/ 이코노믹미스트

4) AI면접 분야

코로나19로 인해 비대면 방식의 채용시험이 늘어나는 추세다. 면접과 필기시험, 채용설명회까지 모두 온라인으로 진행하는 곳이 점점 많아지고 있다. 이러한 비대면 채용 방식은 코로나19의 감염 예방 뿐 아니라 공정성을 강화하고 지원자의 역량을 더욱 정확하게 평가할 수 있어 계속해서 활성화될 것으로 전망한다.

이로인해, 고양시에서는 청년층의 일자리지원을 위해 'AI면접 지원 패키지'사업을 진행하고 있다. 비대면 채용 흐름이 확산되는 추세를 적극 반영하여 고양시통합일자리센터를 통해 지원하던 기존의 AI면접을 확대 운영하고 있다.

이번 'AI면접 지원 패키지'사업에는 인공지능 면접을 대비한 AI면접룸, 장비 제공 및 면접 솔루션이 제공되며 테스트와 AI 면접 대비 컨설팅까지 비대면 채용과 관련한 일자리 지원에 맞춤으로 구성되어 있다.

5) AI돌봄 분야

언택트 시대에 취약계층인 독거노인등을 대상으로 하는 인공지능 돌봄 사업 분야가 크게 성장세를 보이고 있다.

SK텔레콤에서 만든 인공지능 '누구(NUGU)'에서 제공하는 '인공지능 돌봄' 서비스가 노인들의 말벗이 되어주고, 구조 요청이 들어오는 위급 상황시 빠른 도움을 주고 있다. 또한 인공지능 돌봄의 내부 기능 중 하나인 '두뇌톡톡'은 노인들의 장기 기억력, 주의력, 집중력 등을 향상시켜주는 데 효과가 있다는 연 구 결과도 나왔다.

바른 ICT연구소는 2019년 4월부터 2020년 2월까지 평균 75세의 독거 어르신 670명을 대상으로 인공지능 돌봄 서비스에 대한 설문조사를 실시하여 이용 패턴과 효과를 분석했다.

특히 인공지능 돌봄 서비스는 노인의 정서 케어에 큰 도움을 주는 것으로 나타났다. 서비스 이용 전후를 비교하였을 때, 행복감과 긍정적인 정서가 높아지고 부정적이고 고독한 정서는 감소한 추이를 보였다. 이전에 PC와 스마트폰을 보유한 적이 없는 노인일수록 이러한 변화폭이 더욱 뚜렷하게 나타났다.

인공지능 돌봄 서비스 중 AI 스피커에서 "아리아! 살려줘" 혹은 "아리아! 긴급 SOS" 라는 말을 외치면 위급 상황으로 인지하여 ICT케어센터와 야간ADT캡스에 즉각 보고하고, ICT케어센터에서 초도 대응 및 위급 상황시에 24시간 119와의 연계를 통해 독거 노인

의 생명과 안전을 지키는 사회 안전망이자 든든한 요양보호사 역할
을 하고 있다.

    6) AI상담 분야

  코로나19로 인한 활동제약, 우울감을 이겨낼 수 있도록 돕는 정
부의 인공지능(AI) 정서장애 관리서비스 '마이멘탈포켓'이 10월 1일
시범 공개된다. 과학기술정보통신부와 한국연구재단은 이날부터 인
터넷에서 마이멘탈포켓을 검색해 누구나 무료로 이용할 수 있다.

  마이멘탈포켓은 우울 상태를 관리하는 AI 실시간 채팅 상담과 우
울감을 줄일 수 있는 온라인 신체활동 게임 등을 제공한다. 과기정
통부에 따르면, 서비스 시범 공개 기간 더 다양한 상담 사례를 모은
뒤 상담 데이터를 분석하는 정신의학과 전문의와 심리 전문가 수를
늘려 서비스 실효성을 높여갈 계획이다.

  과기정통부는 "비대면 상담으로 학생, 노인, 군인, 새터민, 저소득
층 등 공간적, 시간적, 경제적 제약이 큰 계층의 정서 장애 예방과
관리에 도움을 줄 것"이라고 기대했다.[12]

---

12) 코로나블루, AI에 채팅으로 비대면 상담/ 과학정책

나. 빅데이터 산업 현황

　모바일 데이터 트래픽, 클라우드 컴퓨팅 트래픽, 인공지능, 사물인터넷과 같은 기술의 급속한 발전은 모두 데이터 세트의 볼륨과 복잡성의 증가에 기여한다. 2021년까지 전 세계 클라우드 데이터 센터 IP 트래픽은 약 19.5ZB에 이르며, 커넥티드 IoT 장치는 2015년에 79.4ZB의 데이터를 생성할 것으로 분석된다.

　IDC에 따르면, 전 세계 빅데이터와 비즈니스 분석 시장 매출은 2018년 1688억 달러(약 185조 원)에서 2022년 2743억 달러(약 300조 원)로 성장해 연평균 성장률(CAGR) 13.2%를 기록할 것으로 전망된다.

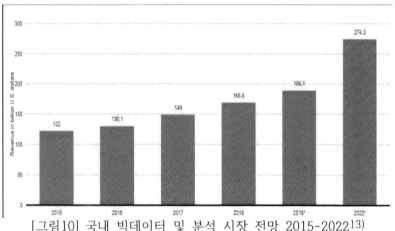

[그림10] 국내 빅데이터 및 분석 시장 전망 2015-2022[13]

---

13)TECHWORLD, "국내 빅데이터 및 분석 2015-2022 시장 전망"

연도	시장규모 (억원)	Growth	주요 산업 동향
2015 년	2,623	30.3%	•공공투자 698억 원으로 확대 •대기업 중심의 파일럿 프로젝트 확대
2016 년	3,439	31.1%	•공공투자 998.6억 원으로 확대 •대기업 중심의 민간투자 본격 시작 -1,000억 & 1,000명 이상의 기업집단 중심의 수요 -빅데이터 평균 투자 금액 증가
2017 년	4,547	32.2%	•공공기관 대상 빅데이터 도입/활용 권고로 인한 공공투자 지속 •은행, 보험, 카드 등의 금융권 빅데이터 플랫폼 및 인공지능 기반 챗봇 서비스 구축 본격화 •대기업 중심의 투자가 지속(1,000억 & 1,000명 이상 기업)
2018 년	5,843	28.5%	•공공투자가 증가하면서 시장규모 확대에 기여 -금융, 의료, 제조 등 빅데이터 투자가 과감하게 이루어지는 산업 중심으로 투자 지속 -여전히 매출 1,000억 이상 기업 중심으로 빅데이터 도입이 이루어지고 있는 실정
2019 년	7,207	23.4%	•언택트 산업으로 인한 빅데이터 열풍으로 사회 전반적인 분야에 도입될 전망
2020 년	8,914	23.7%	•데이터 산업 활성화를 정부에서 확대, 공공투자 또는 지속
2021 년	11,266	26.4%	•민간부문에서도 빅데이터 투자가 산업별로 확대될 것으로 예상 -통신/미디어, 유통/서비스 등의 산업으로 수요 확대 전망
2022 년	14,077	25.0%	-중견기업에서도 빅데이터 도입에 대한 논의가 활발

[표 1] 연도별 국내 빅데이터 투자 동향

14)

1) 마케팅 분야

최근 다이텍 연구원에서는 섬유 소재에 대한 빅데이터 플랫폼 구축 및 데이터베이스 수집, 데이터 활용 온라인 마케팅을 통한 섬유 소재 빅데이터 통합지원센터를 운영하는 등 섬유산업 빅데이터 플랫폼 구축사업을 본격적으로 시작했다.

현재 전 세계적으로 코로나19로 인한 비대면 마케팅이 적극 도입 되는 흐름에 따라 섬유부문의 마케팅 플랫폼 구축은 큰 의미를 지니고 있다. 다이텍 연구원에서는 섬유 빅데이터 플랫폼 구축을 통해 비대면 거래방식의 폭을 넓힐 계획이다.

또한 디즈니에서도 빅데이터를 활용한 마케팅에 박차를 가하고 있다. 디즈니는 매직밴드를 통해 입장권이 놀이동산 내의 여정을 편리하고 흥미롭게 만들면서 동시에 고객의 모든 동선과 결제 데이터를 연결해 새로운 데이터 가치를 창충한다. 빅데이터는 얼마나 가지고 있는지 보다 얼마나 활용하는 지가 중요한 자산이다.

또한, 온라인과 오프라인을 각각의 판매 채널로 운영하는 것이 아니라 각각 데이터를 수집하는 창구로 활용된다. 온라인 정보를 오프라인에서 활용하고 오프라인에서 체험을 통한 수집한 데이터를 다시 온라인에 저장해 고객의 쇼핑을 돕는 동시에 기업의 데이터 자산을 확장한다.[15]

---

14) 과학기술정보통신부, 2018년 데이터산업 현황조사
15) 빅데이터 활용 사례 마케팅 분야/ 빅데이터와 대학원

2) 빅데이터 시장 전망

  언택트 문화 도입 이후 빅데이터 시장의 성장 가속화를 주도하는 세계 각 국의 정부와 기업들은 빅데이터가 향후 기업의 성패를 가늠할 새로운 경제적 가치의 원천이 될 것으로 기대하고 있다. 이는 빅데이터에서 유용한 정보를 찾아내고 잠재된 정보를 활용할 수 있는 기업들이 경쟁에서 시장을 선도할 것이라는 것을 의미한다.

산업	관련 기대 수요
제조	• 로그분석을 통한 불량품 예측 및 생산량 증감 • 리스크 감소를 위한 예측/모니터링
금융	• 데이터 기반 소비자 마케팅을 통한 맞춤형 상품 추천 및 고객이탈방지 • 연체고객 및 부도여부 예측, 신용 Risk 관리, 보험사기 예방, 대출심사 지원
통신	• 콜센터 등 챗봇서비스의 활성화 및 빅데이터 기반 추천서비스 증대 • 가입자 이용패턴을 기반으로 사용패턴, 성향, 콘텐츠 분석을 통한 상품 추천
유통/ 물류	• 수출입 데이터를 통한 육로/해상/항공 화물 운송량 예측 • 철도 차량 실시간 장애감시 등 시설관리 및 사고위험요인 예측
의료	• 질병예측을 통한 의료비 절감 • 인공지능 연계를 통한 신약개발 및 시간/비용 단축
공공	• 고위험 가구 예측, 선별을 통한 단수/단전 등 위기 예측 및 복지서비스 제공 • 교통량/교통시간 예측, 교통사고 원인 파악 및 다발생 환자 탐지 예측
기타	• 데이터 분석 기반 작물의 생상상황, 수확량 예측 및 농/수/축산물 생산소비 예측 • 산악기상 정보 패턴 분석을 통한 산불 위험 예보

[표 2] 산업별 주요 기대 수요

기관명	주요내용
Microsoft	• 지능형 클라우드 및 지능형 에지 시대에 경쟁할 소프트웨어, 서비스, 장치 및 솔루션을 개발하고 있음
AWS	• 주로 웹 서비스 형태로 클라우드 컴퓨팅 서비스 제공
Oracle	• 플랫폼, 애플리케이션 및 인프라와 같은 기업 IT 환경의 요구 사항을 충족하도록 설계된 광범위한 제품, 솔루션 및 서비스 제공
Google	• Android, Chrome, Gmail, Google 드라이브, Google 지도, Google Play, 검색 및 YouTube가 포함되며 각 제품에는 매달 10억 명 이상의 활성 사용자가 있음
IBM	• 실험 기반에서 디지털 재창조에 초점을 맞춘 하이브리드 클라우드 기반 AI기반 애플리케이션으로 개발을 전환하였음

[표 3] 빅데이터의 경제적인 가치전망

다. 세계 각국에서 증가하고 있는 언택트 산업[16]

① 미국

코로나19 사태 이후 외출금지령, 재택근무 증가는 언택트 시대에 걸맞는 제품들의 등장과 홈트레이닝 시장의확장을 촉발했다. 또한 골프용품은 미국 스포츠용품 시장의 가장 높은 점유율을 차지하는데, 특히 최근 은퇴 이후 시간 여유가 많은 노령인구가 늘어나면서 골프용품 수요는 더욱 증가할 전망이다.

② 중국

코로나19 여파로 재택근무가 확산되면서 각 사업장에서는 비대면 업무를 위한 원격지원 솔루션 도입 및 활용의 필요성이 크게 높아질 전망된다.

③ 일본

캐시리스 시장이 성장하고 있다. 캐시리스 보급이 급격히 확대되는 타이밍을 노려, 각 캐시리스 결제 사업자들도 점유율 확대를 위한 경쟁에 나서고 있다. 신규등록자 확보를 목적으로 '마이나 포인트 환원'D[추가로 자체 포인트를 지급할 전망이다.

④ EU 지역

주방용품, 간편식품 등 홈쿠킹 및 청정가전, 펫 제품에 대한 소비가 늘어날 것으로 전망된다.

⑤ 인도

코로나 확진자 수가 10만명을 돌파한 시점부터 인도에서는 봉쇄령을 내렸으며, 지난 3월 말부터 공립학교와 사립학교에서 온라인 강의 시스템을 도입하고 있다. 각 학교에서는 구글 클래스룸, 마이

---

16) http://bitly.kr/2H3t5msc70!

크로소프트 팀즈, 유튜브 등의 온라인 플랫폼을 구성해 학생들을
지원했다. 인도 정부는 봉쇄령 이후에도 온라인 학습에 대한 계획
을 내비쳐 향후 인도 교육시장에서는 언택트 트렌드가 더욱 주목
을 받을 것으로 예상된다

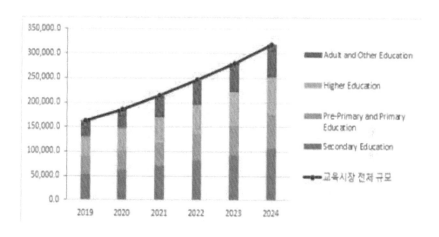

그림 13 인도 교육산업 규모 전망(2019-2024)[17]

---

17) 포스트 코로나 인도의 교육이 언택트로 바뀐다

라. 코로나19의 근원지였던 중국의 동향[18]

　1) 원격근무

< 최근 중국 원격근무 시장 규모 추이 >

그림 14

최근 중국 원격근무 시장 규모 추이

　미국 조사기관　Global Workplace Analytics에 따르면 중국의 원
격근무 이용자수는 3억 명으로 온라인으로 근무한 것으로 추정되
어있다.

---

18) 코로나19로 주목받는 중국의 언택트 산업/ KITA Report

NO.	SaaS명	업체	신규 서비스	실적
1	딩톡 (Ding Talk)	알리바바	- 1/29일부터 최대 302명 무료 화상회의 기능 이용 가능	- 2월 5일 애플 앱스토어 다운로드 1위 랭킹
2	기업용 위챗	텐센트	- 1/28일부터 최대 300명 무료 화상회의 기능 이용 가능	- 2월 1일 전년 동기 대비 이용 기업이 3배 규모로 증가
3	Tencent Meeting	텐센트	- 1/24일부터 최대 300명 무료 화상회의 기능 이용 가능	- 3월 6일 애플 앱스토어 다운로드 1위 랭킹
4	Zoom	Zoom Video Communications	- 1/27일부터 최대 100명 무료 화상회의 기능 이용 가능	- 1월 28일~2월 3일 바이두 검색 지수가 前周 대비 499% 상승

그림 15
중국 재택근무 플랫폼 실적

관련 분야의 수요에 힘입어 딩톡은 전세계적으로 1억 명 이상이 2천만 건 화상회의 개최건수로 기록하고, 금번 기간 내 중국의 주요 소프트웨어 업체들은 이러한 수요을 충족시키기 위해 무료 서비스를 확대하고 있다.

중국은 재택근무 비중이 낮은 나라에 속했으나, 코로나19로 인해 비대면 업무가 증가하였고, 이에 대한 편의성과 많은 수요가 입증되면서 원격근무 산업이 빠르게 성장할 것으로 전망된다.

2) 온라인 교육[19]

NO.	분야	업체	신규 서비스	실적
1	종합	신동방 (新东方)	- 1/25일부터 모든 겨울방학 기간 학원 강의를 온라인 강의로 전환	- 100만 명의 수강자가 온라인 강의로 이전, 강의 취소 비중은 3.0% 미만
2	영어	VIPKID	- 1/29일부터 4세~12세 아동 대상 150만 건 무료 강의 콘텐츠 제공	- 무료 콘텐츠 개방 후 1:1 원어민 수업 수강 규모가 사상 최대치 기록
3	K12[6]	쉐얼쓰 (学而思)	- 2/1일부터 중국 CCTV와 합작하여 초중고 과정 강의 무료 방송	- 강의 개시 후 200만 명 동시 수강 - 춘절 후 15일간 애플 앱스토어 쉐얼쓰 앱 다운로드 수가 춘절 전 15일 대비 345.3% 증가
4		위안푸다오 (猿辅导)	- 2/3일부터 모든 초중고 과목 온라인 강의 콘텐츠 무료 제공, 일부 생방송 강의 병행	- 생방송 강의 개통 첫 날 500만 명 이상 수강

그림 16
중국 온라인 교육 플랫폼

중국 교육기관인 '신동방'은 1월 25일부터 모든 겨울방학 기간 강의를 온라인으로 대체하였으며, 약 100만명이 온라인 강의로 전환하였음에도 강의 취소율은 3.0% 이하를 보였다.
중국 최대 어린이 영어 교육기관인 VIPKID는 1월 29일부터 4~12세 어린이들을 대상으로 150만 건의 온라인 영어 및 수학 콘텐츠를 무료로 제공하였으며, 1:1 원어민 강의 수강 신청 규모는 사상 최대치를 기록하였다.

---

19) 코로나19로 주목받는 중국의 언택트 산업/ KITA Report

< 중국의 온라인 교육 시장규모 추이 >

(단위: 억 위안)

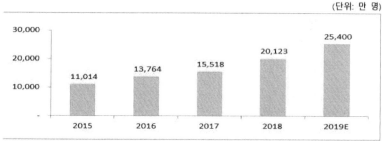

< 중국의 온라인 교육 이용자 규모 추이 >

(단위: 만 명)

그림 18 중국의 온라인 교육 시장* 이용자 규모 추이

중국 시장조사업체 아이리서치에 따르면, 2019년 까지 중국의 온라인 교육 시장규모는 매년 20% 이상 고성장을 해왔으며, 이번 방역 사태를 겪으면서 그 성장세가 지속 유지 될 것으로 전망된다.

3) 원격진료 [20)]

NO.	업체	실적
1	딩샹위안(丁香园)	- 누계기준 1만 5천명 의사가 환자 대응 - 2/5일 기준 플랫폼 이용자 수 전월 대비 배 이상 증가
2	웨이마이(微脉)	- 5천명 의사가 환자 대응
3	핑안하오이성(平安好医生)	- 2/10일 기준 신규 이용자 등록 수 전월 대비 10배 증가
4	알리헬스(阿里健康)	- 1/24일 후베이성 주민 대상 무료 의료 서비스 개방, 4일 만에 160만 명이 온라인 의료 자문 이용 - 3/8일 해외교민 대상 무료 온라인 의료 서비스 개통

그림 19

중국 원격진료 증가 실적폭

현재 중국에서는 원격의료 플랫폼을 활용하여 진료를 받은 환자
의 수가 급증하고 있다.

그림 20

중국 원격진료 시장 규모

중국 시장조사기관에서는 2019년 중국의 원격진료 시장 규모를

---

20) 코로나19로 주목받는 중국의 언택트 산업/ KITA Report

전년 대비 43.9% 증가한 190억 위안으로 전망하였으며, 2015년과 비교하여 4배 이상 규모로 성장한 것으로 발표했다.

 매년 30~70%의 빠른 성장세를 유지해 온 중국의 원격진료 시장은 이번 코로나19 사태와 맞물려 지속적으로 성장세를 이어갈 전망이다.

　　4) 온라인 식품산업[21]

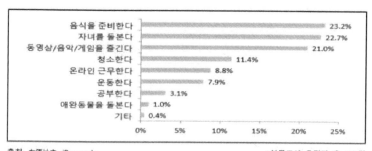

< 방역 기간 중국 가정에서 주로 하는 활동 >

출처: 东原地产, iResearch　　　　　　　　*설문조사 응답자 총 673명

그림 21

방역 기간 중국 가정에서 주로 하는 활동

 중국 조사기관에 따르면, 1월 방역기간 중에 가정에서 주로 하는 활동으로 1위는 음식 준비가 꼽혔다.

---

21) 코로나19로 주목받는 중국의 언택트 산업/ KITA Report

NO.	업체	실적
1	메이르유센(每日優鮮)	- 금년 춘절 기간 매출이 전년 동기 대비 3.5배 증가
2	징둥따오찌아(京东到家)	- 금년 춘절 기간 매출이 전년 동기 대비 4.7배 증가
3	띵둥마이차이(叮咚买菜)	- 금년 춘절 기간 매출이 전년 동기 대비 2.2배 증가
4	허마(盒马)	- 금년 춘절 전일 주문량이 전년 동기 대비 3배 이상 증가

그림 22

중국 온라인 신선식품 매출량 증가 추이

실제로 중국의 주요 온라인 신선식품 회사들의 매출과 주문량이 크게 증가하였음을 알 수 있다. 메이르유센은 3.5배 증가하였고, 징둥따오찌아는 4.7배로 증가하고, 허마는 춘절 전일 기준 주문량이 3배 이상 증가하였다.

그림 23

중국의 온라인 신선식품 시장규모 추이

중국 내 온라인 신선식품 시장은 2015년에 비교하여 6배 가까운 규모로 성장했다.

5) 중국의 향후 언택트 산업 전망[22]

 중국의 젊은 세대, 혹은 일부 계층으로부터 시작된 언택트 산업은 이번 사태를 계기로 전 연령층으로 퍼져나가면서 지속적인 수요와 분야가 확대될 것으로 전망된다.

 또한, 중국이 본격적으로 전반적인 업무 재개를 추진하고 있으나 코로나19 사태가 국제적으로 여전히 심각한 상황이고 중국에서도 해외 유입 사례가 꾸준히 발생하고 있어 사회적 거리두기가 앞으로도 상당 기간 지속될 것으로 보여 온라인 기반 언택트 산업은 지속적으로 성장세를 예상하고 있다.

---

22) 코로나19로 주목받는 중국의 언택트 산업/ KITA Report

마. 한국판 뉴딜 정책과 언택트 산업

한국판 뉴딜 : 포스트 코로나 시대에 디지털 인프라 구축, 비대면
 산업 육성, SOC 디지털화 등 3대 중심 영역과 10대 중점 과제를
통해 경기 회복의 발판으로 마련한 국가 프로젝트이다. 우리 경제
의 디지털화와 비대면의 가속화에 중점을 둔 디지털 기반 일자리
창출과 경제혁신 가속화를 중심으로 향후 2~3년간 집중적으로 진
행된다.23)

(단위: 조원)

구 분	'20년 국비 (추경)	'21년 국비		'22년		'20~'25 국비
		뉴딜1.0	뉴딜2.0	국비	총사업비	
합 계	5.4	22.8	27.1	33.7	50.1	160.0 수준
디지털 뉴딜	2.5	7.7	8.3	9.3	14.6	49.0 수준
그 린 뉴딜	1.2	8.1	9.1	13.3	21.9	61.0 수준
휴먼 뉴딜	1.7	6.9	9.7	11.1	13.6	50.0 수준

그림 24
한국판 뉴딜 예산 투입계획24)

 내년은 한국판 뉴딜 본격 추진 2년차이자 선도국가 도약을 향한
과감하고 담대한 여정을 중단없이 추진해야 할 중요 해이다.

---

23) 한국 뉴딜정책/ 나무위키
24) 한국판 뉴딜 2.0 주요예산 살펴보니/ 대한민국 정책브리핑

이미 한국판 뉴딜 1.0을 통해 자신감을 얻은 정부는 보다 강화된 한국판 뉴딜 2.0을 통해 디지털 전환과 그린 전환에 더욱 속도를 높이고 격차 해소와 안전망 확충, 사람 투자에 더 많은 관심을 기울여 국민체감형 성과를 만들어내겠다는 계획이다.

이를 위해 정부는 내년도 한국판 뉴딜예산으로 올해 20조 원 대에서 크게 늘어난 33조 7000억 원을 반영했다.

한국판 뉴딜정책	
디지털뉴딜	• 데이터 댐 • 인공지능 기반 지능형 정부 • 교육인프라 디지털 전환 • 비대면 산업 육성 • 국민안전 SOC 디지털화
그린뉴딜	• 신재생에너지 확산기반 구축 • 전기차*수소차등 그린 모빌리티 • 공공시설 제로 에너지화 • 저탄소*녹색 산단 조성
휴먼뉴딜	• 인공지능·소프트웨어 등 첨단 분야 인재양성 확대 • 고용*산재보험 대상 확대 • 청년층 자산형성*주거지원*교육비부담*경감*고용확대 • 기초학력 강화 및 취약계층 돌봄 강화

그림 24 한국판 뉴딜 정책

이번 한국판 뉴딜 정책의 핵심은

1. 디지털 초혁신
2. 탄소중립 인프라
3. 청년정책

위의 3가지를 꼽을 수 있다.

   1) 디지털초혁신

메타버스	• 개방형 메타버스 플랫폼 개발 및 데이터 구축, 관광 유니버스 등 메타버스 콘텐츠 제작 지원 등 생태계 조성
디지털트윈	• 산업 분야별 디지털 트윈 서비스 적용·실증 및 복잡한 사회문제 해결을 위한 연합기술개발
지능형로봇	• 사회적 문제해결을 위한 5G·AI 기반 로봇·서비스 융합 실증
클라우드	• 공공수요가 높은 클라우드 서비스 개발, 공공부문 민간 클라우드 전환 촉진, SW기업의 서비스형 소프트웨어 (SaaS) 전면전환 지원
블록체인	• 대규모 확산 프로젝트 추진, 초기·중소기업 사업화·기술 검증 지원 위한 '기술혁신지원센터' 구축
사물인터넷	• 지능형 IoT서비스 발굴, 신기술 실증을 위한 테스트베드 제공

한국판 뉴딜 7대 분야 주요투자 사업 및 제도개선

정부는 데이터경제 가속화와 초 연결 신산업 육성을 위해 올해보다 1조 늘어난 9조 3000억 원을 투입키로 했다. 데이터·네트워크·인공지능(D·N·A) 생태계 강화를 위해 인공지능(AI) 학습용 데이터를 340종에서 700종으로 확대하는 등 공공데이터 구축·개발·활용을 촉진하고 산업별 5G·AI 융합 가속화를 위해 6조 2000억 원을 지원한다.

내년에 새로 추진되는 사업은 메타버스 등 초연결 신산업 육성이다. 정부는 이를위해 8000억원을 책정했다. 메타버스 제작 플랫폼을 구축하고 VR·AR 콘텐츠 산업을 육성하며, 실감형 콘텐츠(관광, 스포츠, 박물관 등)를 제작 하는데 쓰일 예정이다. [25]

  2) 탄소중립 인프라[26]

정부는 [2050탄소중립추진전략]의 차질없는 이행을 지원하고 우리사회를 "탄소중립"구조로 전환하는데 필요한 기반을 마련하였다.

온살가스 감축기반	• 온실가스 관리제도, 기업의 탄소량 증빙을 위한 환경성 적표지 등 감축 인프라 정비
순환경제* 흡수원	• 순환경제 활성화와 흡수원 확충을 통해 산업계가 효율적으로 탄소중립을 달성할 수 있도록 지원
국민홍보* 참여	• 홍보·교육·캠페인 등을 통해 일반국민.지자체의 탄소중립에 대한 인식을 제고하고 자발적인 참여 확대 유도

---

25) 한국판 뉴딜 2.0 주요예산 살펴보니/ 대한민국 정책브리핑
26) 대한민국 대전환 한국판 뉴딜

따라서 정부는 미래에는 장기적*효육적으로 추진을 위한 탄소중립을 제도적 기반으로 구축하면서 내년에는 자원순환 네트워크맵, 실시간 데이터 플랫폼 구축으로 실증을 시작할 예정이고 2025년에는 실시간 기업 연계 순환이용을 실증을 완료할 예정이라고 발표 하였다.

3) 청년정책[27]

청년자립의 기반을 마련하고, 미미래를 대비할 수 있도록 주거안정, 자산형성, 교육부담 완화 등 다방면의 지원 강화하였다 .

주거안정	• 청년 대상 전·월세 대출 한도 확대 및 요건 완화 등 주택금융지원 강화, 청년 우대형 청약통장 확대 및 주거비 지원제도 연장 등
자산형성	• 청년 소득수준별 맞춤형 자산형성 지원 프로그램 마련, 군 복무기간 자산형성 지원 등
교육비 부담 완화	• 저소득 및 다자녀 가구 청년 대학등록금 부담 대폭 완화

정부의 이러한 뉴딜 정책 발표에 청년들을 위한 주거비 부담을 완화하고 청뇬 자산형성을 촉진하면서 2022년에는 자산을 7,000만원을 형성하고 2025년에는 8,000만원으로 자산을 형성 할 것이라고 전망했다.

---

27) 대한민국 대전환 한국판 뉴딜

4) 한국판 뉴딜에 대한 전망 및 우려[28]

한국판 뉴딜 종합계획 발표이후 1년간 마중물 재정투자 및 제도 개선을 추진해 비대면 거래 교육 확산, 저탄소 친환경 산업생태계 구축 등 디지털 친환경 사회로의 전환을 선도하게 되었다. 국제사회에서도 한국판 뉴딜을 코로나19 위기 극복 및 기후위기 대응을 위한 대표적인 국가발전 전략으로 평가하고 한국판 뉴딜의 방향에 동참해 나가는 추세다.

1. (마중물 투자) 충분한 마중물 재정투자로 변화의 동력 마련
2. (제도 개선) 주요 입법 완료, 컨트롤 타워 구축 등 변화 마련
3. (민간 참여) 신산업 생태계 형성, 민간투자 확대 등
4. (체감, 공감) 일부 체감성과 창출 및 대외 관심*공감 확산

---

28) 한국판 뉴딜/ 대한민국 정책 브리핑

바. 언택트 산업과 함께 주목받고 있는 '온택트 산업'

실감형 미디어란 수용자가 3인칭 관찰자로 남았던 기존 미디어와 달리 1인칭 시점으로 참여하는 형태의 미디어이다. VR(가상현실)·AR(증강현실) 기기, 서라운드 디스플레이, 홀로그램 기술을 통해 구현되고 있다. 언택트 산업에서는 단순 화면을 통한 화상회의, 사진·영상을 통한 쇼핑으로 집중력이나 실감이 저하되는 문제가 있었다.

그렇기 때문에 온택트는 여기에 실재감과 실시간 상호작용을 더해 몰입과 개인형 서비스가 가능하게 한다는 개념으로 접근하고 있다. VR 기술을 더해 눈앞에 좋아하는 아이돌 가수가 있는 것처럼 만든 네이버 VR 브이라이브(V LIVE)가 대표적이다.

실감형 미디어는 5G 기술과 함께 진화할 것으로 보여진다. 초고속·초저지연·초연결을 표방하는 5G를 통해서만 대용량(고화질)·실시간·원격 멀티플레이라는 실감형 미디어의 제대로 된 구현이 가능하기에 5G 시설 확충이 절대적으로 필요해 보인다.[29]

---

29) https://www.sedaily.com/NewsView/1Z41B20TG4

사. 언택트 산업의 향후 전망과 만족도30)

경기연구원이 1,500명을 대상으로 실시한 '언택트 서비스 소비자 수요조사'에서는 언택트 소비 비중은 코로나19 이전 35%에서 포스트 코로나19시 57%로 1.6배 증가할 것으로 예상했다.

언택트 산업의 서비스 디지털화가 급속도로 확산되면서 디지털 양극화에 대한 우려의 목소리도 크다. (매우 크다 46.2%, 크다 44.5%) 라는 결과가 있으며, 정보보안 문제에 대한 우려(매우 크다 39.1%, 크다 50.6%) 또한 크게 나타났다.

원격의료에 대한 의견도 눈에 띈다.
응답자 중 88.3%는 원격의료에 찬성(적극 찬성 16.1%, 단계적 도입 30.4%, 환자별 찬성 41.8%)하고 있고, 그 이유로는 의료기관 접근성 향상(27.5%), 만성질환자의 건강관리(27.4%) 순으로 결과가 나타났다.
또한 원격의료가 합법화된다는 가정 하에 제일 중요한 고려사항으로는 '정보보안 기술개발 및 제도화' (22.9%)로 나왔다.

다음으로는 교육분야이다.
현행 온라인 교육에 대해서는 학습효과 저조, 소통의 어려움, 등의 이유로 만족(38.9%)보다는 불만족(56.3%)이 크게 나타났다. 향후 원격학습은 점차 증가할 것(59.6%)으로 예상하고 있으며, 교육의 효율적인 성취도 향상을 위해 인공지능, 가상현실, 게임 등 에듀테

---

30) http://bitly.kr/3XTiAl5d98!

크 기술도입(22.8%)이 가장 필요하다고 응답했다.

 재택 근무 분야로는

코로나19 이후 재택근무 경험자 10명 중 8명은 만족(매우 만족 27.2%, 만족 55.6%)하는 것으로 나타났으며, 만족 사유로는 출퇴근 시간과 비용 절약(36.2%), 업무 자율성 향상(31.0%), 업무능률 향상(22.0%)이 주된 요인으로 선정되었다.

재택근무 경험자의 81.6%는 원격근무 확대에 찬성하고 있으며 원격근무 활성화를 위해 필요한 부분으로는 기업문화 개선(35.6%), 스마트오피스 등 공용 사무공간 제공(15.5%) 순으로 응답하였다.

5.

대표적인 관련주

5. 대표적인 관련주

가. 교육 분야

1) 메가스터디

가) 업체현황

소재지	서울특별시 서초구 효령로 304, 24층 (서초동, 국제전자센터)
설립일	2000년 7월 12일
웹사이트	http://www.megastudyholdings.com/company/index.asp
매출액	400억 5,000 만 원

메가스터디는 대한민국의 온라인 교육 서비스 기업이다. 본사 및 계열사를 통해 초중고 학생과 일반 성인 등을 대상으로 출판 콘텐츠 사업과 온오프라인 교육 사업, 단체급식사업 및 투자사업을 영위하고 있다.

(1) 주요상품

① 교육사업

메가엠디(주)는 메가스터디(주)의 계열회사로 의치의학전문대학원, 약학전문대학, 법학전문대학원, 부동산 자격증 준비생 등을 대상으로 온오프라인 교육서비스를 제공한다. 전문화된 성인교육기관으로서 종합 교육과정을 구축하였고 자체 IT 솔루션 및 교육 콘텐츠의 획기적인 개발, 오프라인의 적극적인 확장 등 사업의 다각화를 구현해가고 있다.

② 출판사업

출판사업은 당사의 브랜드를 직접 활용하는 중고등 참고서 출판을 시작으로 각종 수험서, 논술 모의고사 등에 이어, 인문, 지식, 교양 단행본과 유아동 학습서 시장으로 사업을 확장하고 있다.

③급식사업

급식사업부문은 메가스터디 직영학원 재원생들에게 안전하고 맛있는 급식을 제공하고 있으면서, R&D를 통한 고객 맞춤 신메뉴 개발, 안전한 식재료 구입과 철저한 위생 관리, 다양한 고객 이벤트 등을 통한 만족도 향상을 위해 노력하고 있다.

④투자사업

메가인베스트먼트(주)는 창업 초기 전문 투자사로 성장 가능성이 높은 스타트업을 중심으로 투자하는 벤처 캐피탈이다. 좋은 아이디어와 기업가 정신을 갖춘 스타트업에 투자하고 전반적인 경영 지원을 재공한다.

(2) 매출 실적 및 비중 현황

주요재무정보	최근 연간 실적				최근 분기 실적					
	2018.12	2019.12	2020.12	2021.12 (E)	2020.06	2020.09	2020.12	2021.03	2021.06	2021.09 (E)
	IFRS연결	IFRS연결	IFRS연결	IFRS연결	IFRS연결	IFRS연결	IFRS연결	IFRS연결	IFRS연결	IFRS연결
매출액	3,569	4,373	4,747	6,803	1,141	1,257	1,256	1,722	1,619	1,808
영업이익	482	596	328	881	132	183	18	129	295	389
당기순이익	428	484	210	708	100	116	-8	108	254	

메가스터디 매출 비중 현황 [31]

(3) 전망

　메가스터디교육의 3분기는 방학시즌과 수능을 앞둔 성수기임을 감안할 때, 하반기 실적 모멘텀이 지속될 것으로 예상된다. 현재는 코로나 장기화로 전 학령 온라인 교육 락인효과가 지속되는 중이다. 9월~10월 내 발표되는 내년도 메가패스 가격 인상 여부와 오프라인 학원 정상화에 따라 추가적인 이익 업사이드 여력이 존재한다.

---

31) 메가스터디교육, 올해3Q 예상 매출액 증가율 1위/ 더밸류뉴스

나) 증권정보
  (1) 개요

주식코드	072870
상장위치	코스피
업종	교과서 및 학습서적 출판업
WICS	도서출판, 사이버 입시강의, 논술강의 인터넷서비스, 학원사업

[표 9] 메가스터디 증권 정보 개요

시가총액	1,615 억원
시가총액순위	코스피 627위
상장주식수	11,920,959
액면가/매매단위	500원/1주
외국인한도주식수(A)	11,920,959
외국인보유주식수(B)	4,216,510
외국인소진율(B/A)	35.37%

[표 10] 메가스터디

(2) 종목분석 및 재무현황

주가/전일대비/수익률	13,500원 / 0원 / 0%
52Weeks 최고/최저	16,300원 / 10,600원
액면가	500원
거래량/거래대금	7,521주 / 102백만
주가수익률/배당수익률	7.62%/4.44%

[표 11]메가스터디 시세 및 주주 현황

2) YBM

가) 업체현황

소재지	서울특별시 종로구 종로 104 (종로2가 55-1)
설립일	1961년 4월
웹사이트	http://ybm.co.kr/
매출액	149억 600만원

1961년 설립된 '시사영어사'를 전신으로 하는 YBM은 창업자 민영빈 회장의 이니셜을 따 만든 회사이다. 현재는 영어학습 잡지 및 단행본, 어학사전, 교과서, 수험서 등 영어교재 출판 사업과 유아·어린이·청소년·성인 대상 어학원 사업을 운영하고 영어·중국어·일어 평가시험(TOEIC, TOEIC Speaking, JPT 일본어능력시험, TSC 등) 주관 및 시행을 맡고 있는 기업이다. 온라인 교육, 학습지 및 전화영어, 영어마을 및 외국인학교 사업과 유학센터 및 해외연수 프로그램도 운영한다. YBM어학원, YBM시사닷컴, YBM유학센터, YBM시사 T&E, YBM시사 등 17개의 계열사를 두고 있다.

(1) 주요상품

① YBM어학원

YBM의 대표적인 상품이다.

토익, 토스, 영어회화, 일본어, 중국어 등을 관할하는 오프라인 학원
이며, 현재 서울을 중심으로 16개의 지점을 운영중에 있다.

② YBM 온라인 강의

이번 코로나19 사태의 제일 큰 수혜를 받을 것이라 예상되는 사업
으로 주로 성인들을 대상으로 토익, 영어, 일본어, 중국어 과목을
담당하고 있다. 최근에는 주니어 영어를 포함한 전화, 화상강의 콘
텐츠도 제공하고 있다.

③ YBM잉글루

초·중등을 대상으로 하는 영어전문학원이다. 학생 개개인에 맞춘
1:1 수업을 진행하며 전화/화상영어 프로그램 및 전자기기를 활용
한 스마트러닝교육으로 아이들의 눈높이에 맞는 체계적인 수업이
특징입니다. 전국적인 프랜차이즈로 운영하고 있다.

④ YBM어학시험

취업에 필요한 대표적인 자격증 중 하나인 토익을 필두로 일본어,
중국어, 영어등의 자격증 시험을 관할하고 있다. 홈페이지에 가면
시험에 대한 접수나 공지만 있는 것이 아니라, 시험의 목적에 걸맞
는 채용 정보나 시험의 최신 동향등에 대한 자료가 활성화되어있다.

(2) 매출 실적 및 비중 현황

온라인 교육	29.53 %
수강료 매출	16.01 %
온라인 접수	10.78 %

YBM 매출 비중 내역

(3) 전망

　최근 YBM넷의 실적이 하락세를 기록하면서 코로나 시국에 접수
건이 부진했던 점과 강사 출강도 원활한 진행이 어려우면서 코로나
19 심화로 코로나19 심화로 ECC어린이 어학원 대상 교육청의 휴원
권고사항이 있었고, 자진해 2달 간 휴원 하기도 했다.

　이로 인해, YBM넷의 관계자에 따르면 오프라인 어학원 운영이 매
출에 가장 큰 비중을 차지하는 상황에서 코로나19 확산 세와 그에
따른 교육청의 권고사항 방향이 관건이다 면서 양질의 교육 커리큘
럼 운영에 주력하겠지만, 코로나시국이 장기화된다면 올 하반기도
지난해 실적과 크게 다르지 않을 것으로 전망한다.[32]

---

32) YBM넷, 지난해 적자기록/ 뉴스워커

나) 증권정보

(1) 개요

주식코드	057030
상장위치	코스닥
업종	교육
WICS	교육서비스

[표 13] YBM넷 증권 정보 개요

시가총액	1,204억원
시가총액순위	코스닥 822위
상장주식수	16,312,697
액면가/매매단위	500원/1주
외국인한도주식수(A)	16,312,697
외국인보유주식수(B)	131,190
외국인소진율(B/A)	0.8%

[표 14] YBM넷 투자정보

(2) 종목분석 및 재무현황

주가/전일대비/수익률	7,380원 / +350원 / +4.95%
52Weeks 최고/최저	11,250원 / 5,550원
액면가	500원
거래량/거래대금	616,335주 / 4,526 백만 원
주가수익률/배당수익률	-%/-%

[표 15] YBM넷 시세 및 주주 현황

나. 온라인 결제 분야

1) NHN한국사이버결제

가) 업체현황

소재지	서울특별시 구로구 디지털로26길 72 (구로동) NHN한국사이버결제
설립일	1995년 1월 1일
웹사이트	www.kcp.co.kr
매출액	4,699억 원 (2019년 기준)

한국사이버결제는 국내 대표적인 온라인쇼핑몰 지불대행업체(PG)이며 주로 전자결제대행(PG) 사업, 온/오프라인 VAN(부가가치통신망) 결제사업 등을 진행하고 있다. 국내 다양한 온라인 오픈마켓 시장과 종합쇼핑몰 등에서 결제서비스를 담당하고 있다. 최근에는 게임회사와 정부 공공기관에서도 결제서비스를 대행하고 있다.

(1) 주요상품

① PG 사업

  온라인 쇼핑몰 전자결제(계좌이체, 상품권, 신용카드, 휴대폰 외)
지불대행 서비스이다.

2008년에 기업 '모모캐쉬' 인수를 통해 기존의 휴대폰결제 서비스
에서 더욱 간편하고 보안성을 높인 결제 시스템을 제공하는 기반을
토대로 영업을 개시하였으며, 그 결과 지속적으로 결제액이 증가하
는 추세를 보이고 있다.

② 온라인 VAN 사업

  온라인 부가통신망사업으로, 전체 온라인 VAN 시장의 약 50%를
점유하고 있습다. 소셜커머스업체와 대형 온라인 쇼핑몰, 오픈마켓
등은 주요 고객회사이며, 이외에도 다양한 온라인 쇼핑몰을 대상으
로 서비스를 제공하고 있다.

③ 오프라인 결제 사업

  오프라인 부가통신망사업이며, 결제에 필요한 단말기 상품도 공급
하고 있다.

오프라인 VAN 사업은 1987년에 국내에 사업화된 것을 시작으로
현재 13개의 주요 업체에서 VAN 서비스를 제공하고 있다.

최근에는 약 20만 개의 신용카드 가맹점에서 발생되는 거래 데이터
를 중계하는 등의 지속적인 성과를 보여주고 있다.

(2) 매출 실적 및 비중 현황

주요재무정보	최근 연간 실적				최근 분기 실적					
	2018.12	2019.12	2020.12	2021.12 (E)	2020.06	2020.09	2020.12	2021.03	2021.06	2021.09 (E)
	IFRS 연결	IFRS 연결	IFRS 연결	IFRS 연결	IFRS 연결	IFRS 연결	IFRS 연결	IFRS 연결	IFRS 연결	IFRS 연결
매출액(억원)	4,327	4,699	6,248	7,641	1,487	1,592	1,749	1,673	1,825	1,956
영업이익(억원)	218	321	398	471	98	112	108	91	112	124
당기순이익(억원)	168	245	299	382	66	83	78	77	88	101
영업이익률(%)	5.03	6.83	6.37	6.16	6.58	7.05	6.17	5.45	6.15	6.32
순이익률(%)	3.88	5.21	4.78	4.99	4.45	5.22	4.43	4.58	4.81	5.17
ROE(%)	15.47	20.20	21.35	22.17	20.11	17.04	21.35	20.95	21.24	
부채비율(%)	141.33	144.91	143.13		134.80	141.10	143.13	142.59	136.80	
당좌비율(%)	131.98	121.91	134.68		127.89	129.33	134.68	127.29	130.05	
유보율(%)	1,093.50	1,222.10	1,436.93		1,295.91	1,367.61	1,436.93	1,497.21	1,472.93	
EPS(원)	704	1,002	1,225	1,565	271	340	318	314	359	412
PER(배)	15.53	20.78	55.92	30.48	43.02	65.67	55.92	40.29	43.64	115.72
BPS(원)	4,898	5,478	6,580	8,202	5,873	6,225	6,580	6,908	7,247	
PBR(배)	2.23	3.80	10.41	5.82	7.88	10.32	10.41	7.25	8.02	
주당배당금(원)	134	216		-						
시가배당률(%)	1.23	1.04								
배당성향(%)	18.55	20.31	2.55							

NHN한국사이버결제 매출 비중 현황

(3) 전망

NHN한국사이버결제는 현재 코로나19 여파에 따른 외부활동 자제로 오프라인 VAN부문의 거래액이 감소하였으나 PG 및 온라인 VAN 거래액 증가 등으로 전년대비 매출이 성장하였으며, 매출 성장에 따른 판관비 부담 완화에도 원가율 상승으로 전년대비 영업이익률이 하락하였다. 오프라인 VAN 부문의 거래액 회복이 제한적일 것으로 예상되나 이커머스 시장의 성장에 따른 온라인 결제 부문의 양호한 성장세 지속으로 매출이 성장 할 것으로 전망된다.

나) 증권정보

(1) 개요

주식코드	060250
상장위치	코스닥
업종	소프트웨어
WICS	IT서비스

[표 17] NHN한국사이버결제 증권 정보 개요

시가총액	8,000억원
시가총액순위	코스닥 97위
상장주식수	24,502,769
액면가/매매단위	500원/1주
외국인한도주식수(A)	24,502,769
외국인보유주식수(B)	8,293,461
외국인소진율(B/A)	33.85%

[표 18] NHN한국사이버결제

(2) 종목분석 및 재무현황

주가/전일대비/수익률	32,800원 / -250원 / -0.76%
52Weeks 최고/최저	47,797원 / 29,890원
액면가	500원
거래량/거래대금	35,125주 / 1,151 백만 원
시가총액	8,000억원
주가수익률/배당수익률	39.66%/7.49%

[표 19] NHN한국사이버결제 시세 및 주주 현황

2) KG모빌리언스

    가) 업체현황

소재지	서울특별시 중구 통일로 92 16층
설립일	2000년 3월 17일
웹사이트	www.mobilians.co.kr
매출액	2,690억 4,301만 (2020년 기준)

KG모빌리언스는 안전히고 편리한 결제 솔루션인 Mcash를 개발하여 국내 최초로 모든 이동통신사 고객에게 휴대폰을 이용한 결제 서비스를 제공하고 있으—며 ARS, Phone-Bill, 신용카드, 계좌이체 등 다양한 결제 서비스 제공과 무선 인터엣 과금 대행 전문 업체로 선정되는 등 유뮤선 통합 결제 서비스 기업이다.

또한 국내 최초 오프라인 후불형 휴대폰 결제 서비스 엠틱을 통하여 온/오프라인을 넘나드는 새로운 결제 문화를 만들어 가는데 앞장서고 있다.

(1) 주요 상품

① 티머니 결제

티머니 충전 가맹점 또는 휴대폰 결제로 일정 금액을 티머니로 충전 후, 온/오프라인 가맹점에서 결제하는 서비스이면서, NFC 지원 휴대폰에 티머니 NFC USIM을 장착한 뒤 티머니 앱(App.) 설치가 필요하다. 티머니 결제 서비스의 특징은 안전하고 간편한 결제이고 신용등급, 나이 제한 없이 누구나 이용할 수 있는 보편화된 결제수단이 제공된다.

② 휴대폰 본인확인 서비스

정보통신망법 및 개인정보보호법에 따라 기존의 주민등록번호 기반의 본인인증을 생년월일, 성명, 휴대폰 번호 등 최소한의 정보로 실명확인 및 본인 확인이 가능한 주민등록번호 대체 인증 서비스이다. 이 서비스는 회원 실명 확인용도, 회원가입, ID/PW찾기, 성인 여부 확인, 금융거래 및 정보수정 등 다양한 분야의 인증용도로 활용되면서 특징은 본인 확인기관인 SKT, KT, LG유플러스 이동통신 3사와 직접 계약을 통해 본인 확인 인증대행사의 역할을 수행하고 IDC 센터의 이중화 구성으로 24시간 무중단 서비스 제공하고 기존 DB 관리 및 운영 프로세스 변경 없이 유지가 가능하다.

③ 기업형 SMS 서비스

 수신자의 통신사와 관계없이 대용량의 메시지를 저렴한 가격으로
동시에 전송하는 서비스이다. 이 서비스의 특징은 "SMS 전송 모
듈"을 제공하는 서버 연동방식 및 서버 간 시스템 연동이 불가할
경우 "웹 화면"에서 SMS를 전송하는 웹 전송 방식이 있다. 또한,
데이터를 정상적으로 송.수신할 수 있도록 통신환경을 구축해 준다.

④ 히든카드

 휴대폰 결제를 오프라인에서 사용하기 위해서 만든 선불카드이다.
휴대폰 결제 한도 범위 내에서 전국 오프라인 매장에서 이용할 수
있다. 히든카드 서비스의 특징은 전월 실적 따지지 않고 할인 한도
제한 없이 코나카드 혜택을 제공 하고 휴대폰 결제를 현금을 넙부
할 경우 30% 소득 공재 혜택을 제공한다.

(2) 매출 실적 및 비중 현황

주요재무정보	최근 연간 실적				최근 분기 실적					
	2018.12	2019.12	2020.12	2021.12 (E)	2020.06	2020.09	2020.12	2021.03	2021.06	2021.09 (E)
	IFRS 연결	IFRS 연결	IFRS 연결	IFRS 연결	IFRS 연결	IFRS 연결	IFRS 연결	IFRS 연결	IFRS 연결	IFRS 연결
매출액(억원)	2,029	1,922	2,690	3,345	715	717	732	761	782	866
영업이익(억원)	221	348	457	551	116	127	117	123	131	144
당기순이익(억원)	121	176	225	380	15	99	42	99	108	91
영업이익률(%)	10.89	18.10	16.99	16.47	16.24	17.71	15.96	16.16	16.73	16.63
순이익률(%)	5.97	9.16	8.35	11.36	2.16	13.81	5.69	13.00	13.84	10.51
ROE(%)	6.04	8.18	9.16	13.58	7.01	7.00	9.16	9.88	13.13	
부채비율(%)	110.59	89.80	70.74		117.59	61.80	70.74	73.77	66.55	
당좌비율(%)	170.85	155.31	243.11		105.19	272.62	243.11	227.39	175.60	
유보율(%)	1,406.87	1,485.97	1,353.47		1,272.46	1,321.46	1,353.47	1,360.90	1,414.84	
EPS(원)	424	601	602	981	33	244	130	249	269	
PER(배)	17.34	10.20	17.21	11.57	23.34	19.74	17.21	15.07	11.94	
BPS(원)	7,370	7,777	7,159	7,967	6,736	6,993	7,159	7,198	7,483	
PBR(배)	1.00	0.79	1.45	1.42	1.72	1.36	1.45	1.37	1.42	
주당배당금(원)	200	200	220	220						
시가배당률(%)	2.72	3.26	2.13							
배당성향(%)	45.77	32.28	36.27							

그림 29 KG모빌리언스 매출 비중 내역

(3) 전망

KG모빌리언스는 모바일을 위해 일하는 사람들이라는 사명을 위해 국내 최고의 통합 결제 서비스 회사로서의 책임을 다하여 휴대폰 결제시장의 최강자로 입지를 굳힌 것에 안주하지 않고 지속적으로 다양한 결제 서비스 상품을 개발해 전자결제 시장을 선도해 나갈 예정이다.

나) 증권정보
　(1) 개요

주식코드	046440
상장위치	코스닥
업종	소프트웨어
WICS	IT 서비스

[표 21] KG모빌리언스 증권 정보 개요

시가총액	3,452억원
시가총액순위	코스닥 266위
액면가/매매단위	500원/1주
외국인소진율(B/A)	2.95%

[표 22] KG모빌리언스 투자정보

(2) 종목분석 및 재무현황

주가/전일대비/수익률	+110원 / +1.26%
52Weeks 최고/최저	11,300원 / 6,090원
액면가	500원
거래량/전일대비	59,171주 / +4,755
주가수익률/배당수익률	9.50%/2.49%

[표 23] KG모빌리언스 시세 및 주주 현황

3) KG이니시스

가) 업체현황

소재지	서울특별시 중구 통일로 92 KG타워 14,15층
설립일	1998년 11월
웹사이트	http://www.inicis.com/intro-inicis
매출액	4,800억 원

1998년 설립된 KG이니시스는 대한민국의 인터넷 핀테크 기업으로 전자상거래나 인터넷 뱅킹시 ActiveX를 쓰는 지급결제대행 소프트웨어를 개발하여 금융기관이나 전자상거래 업체들에 납품하는 역할을 하고 있다. 2005년 국세청의 현금영수증 서비스에도 진출했고, 2007년에는 구글 코리아의 지급결제 대행사로 지정되었다. 2011년 재벌 그룹인 KG그룹의 주요 회사인 KG케미칼에 인수되어 KG이니시스로 사명이 변경됐다. 이에 따라 중소기업 지위를 박탈당하고 대기업으로 지정되었으며, 이데일리와 이데일리TV와 같은 그룹이 되어 이데일리 사내 결제에서도 이니시스를 이용한다.

그이후 2014년에는 간편결제서비스인 Kpay를 런칭했다. 하지만, 2016년에 INIPay 플러그인에 삼성 페이, 페이코 연동을 추가했다는 것과 그리고 다나와 무통장입금 결제 시스템이 KG이니시스인데 결제할 때 주민등록번호를 요구한다.

(1) 매출 실적 및 비중 현황

주요재무정보	최근 연간 실적				최근 분기 실적					
	2018.12	2019.12	2020.12	2021.12 (E)	2020.06	2020.09	2020.12	2021.03	2021.06	2021.09 (E)
	IFRS 연결	IFRS 연결	IFRS 연결	IFRS 연결	IFRS 연결	IFRS 연결	IFRS 연결	IFRS 연결	IFRS 연결	IFRS 연결
매출액(억원)	9,246	7,476	8,102	9,634	1,903	1,979	2,296	2,419	2,496	2,252
영업이익(억원)	604	822	980	1,163	250	268	228	260	276	284
당기순이익(억원)	399	600	530	859	132	153	88	204	228	196
영업이익률(%)	6.54	11.00	12.10	12.07	13.13	13.54	9.93	10.76	11.04	12.61
순이익률(%)	4.31	8.03	6.54	8.92	6.92	7.71	3.85	8.45	9.13	8.70
ROE(%)	17.61	21.61	15.23	20.38	17.74	15.80	15.23	15.87	15.61	
부채비율(%)	175.57	235.68	209.74		185.72	160.88	209.74	199.56	180.45	
당좌비율(%)	99.93	79.36	92.44		72.92	101.34	92.44	93.94	90.78	
유보율(%)	1,498.42	1,815.55	2,039.58		1,908.91	1,983.29	2,039.58	2,123.87	2,248.74	
EPS(원)	1,263	1,792	1,521	2,466	438	371	268	566	624	
PER(배)	12.19	9.49	13.25	7.93	13.33	13.84	13.25	11.96	11.79	
BPS(원)	7,721	9,369	11,565	13,802	10,748	10,537	11,565	12,466	13,816	
PBR(배)	1.99	1.81	1.74	1.42	2.03	1.94	1.74	1.58	1.56	
주당배당금(원)	300	330	350	350						
시가배당률(%)	1.95	1.94	1.74							
배당성향(%)	23.51	17.57	21.95							

그림 30 KG이니시스 매출 비중 내역

(2) 전망

매출 증가에 따른 원가 및 판관비 부담완화로 전년대비 영업이익률이 상승하고 법인세 비용 및 중단 영업 손실 증가로 순 이익률은 하락하면서 고수익 가맹점 및 온택트 부문의 거래액 증대가 예상되는 가운데 비대면 부문의 신규 가맹점 확대 등으로 매출 성장 및 수익선 개선이 가능할 전망이다.

나) 증권정보

(1) 개요

주식코드	035600
상장위치	코스닥
업종	인터넷및컴퓨터운영관련업,전자지급결제대행업
WICS	결제서비스

[표 25] KG이니시스 증권 정보 개요

시가총액	4,800억원
시가총액순위	코스닥 179위
상장주식수	27,904,434
액면가/매매단위	500원/1주
외국인한도주식수(A)	27,904.434
외국인보유주식수(B)	4.152.345
외국인소진율(B/A)	14.88%

[표 26] KG이니시스 투자정보

(2) 종목분석 및 재무현황

주가/전일대비/수익률	17,300원 / -100원 / -0.57%
52Weeks 최고/최저	23,500원 / 1,600원
액면가	500원
거래량/거래대금	48,624주 / 836백만
주가수익률/배당수익률	8.97/2.03%

[표 27] KG이니시스 시세 및 주주 현황

다. 플랫폼 분야

1) 네이버

가) 업체현황

소재지	경기도 성남시 분당구 불정로 6 (정자동)
설립일	1999년 6월2일
웹사이트	www.naver.com
매출액	5조 3041억 원

　국내 최대 포털사이트 중 하나인 네이버는 검색 엔진을 보유하며 포털 서비스를 중심으로 다양한 커뮤니티와 정보제공에 앞장서고 있다. 98개의 자회사를 두고 있으며, 일본을 비롯한 미국, 중국 등에 해외 법인을 소유하고 있다.

(1) 주요상품

① 광고
 사이트 검색광고, 쇼핑검색광고, 콘텐츠검색광고, 브랜드 검색, 지
역소상공인광고, 클릭초이스플러스, 클릭초이스상품광고로 총 7가지
의 광고 콘텐츠를 제공하고 있으며, 대한민국 대표 포털사이트인 자
사의 검색 플랫폼을 적극 활용하여 광고를 제공하고 있다.

② 비즈니스 플랫폼

 빠른 속도로 변화하고 있는 인터넷 환경에 대응하기 위해 끊임없
는 기술 혁신을 이어가는 분야로서 네이버에서 IT 전문 기업으로
분할되어 출범한 법인으로서 네이버 계열사들의 전반적인 IT 인프
라를 지원하고 있다.

③ 콘텐츠 서비스

 웹툰, V라이브등의 다양한 콘텐츠 서비스들을 소유하고 있는 네이
버는 남녀노소 가릴 것 없는 신선하고 재미있는 콘텐츠로 국민의
사랑을 받고 있다.

(2) 매출 실적 및 비중 현황

주요재무정보	최근 연간 실적				최근 분기 실적					
	2018.12	2019.12	2020.12	2021.12(E)	2020.06	2020.09	2020.12	2021.03	2021.06	2021.09(E)
	IFRS 연결	IFRS 연결	IFRS 연결	IFRS 연결	IFRS 연결	IFRS 연결	IFRS 연결	IFRS 연결	IFRS 연결	IFRS 연결
매출액(억원)	55,869	43,562	53,041	67,829	19,025	13,608	15,126	14,991	16,635	17,275
영업이익(억원)	9,425	11,550	12,153	13,471	2,306	2,917	3,238	2,888	3,356	3,382
당기순이익(억원)	6,279	3,968	8,450	158,354	907	2,353	3,841	153,145	5,406	3,658
영업이익률(%)	16.87	26.51	22.91	19.86	12.12	21.44	21.40	19.27	20.18	19.58
순이익률(%)	11.24	9.11	15.93	233.46	4.77	17.29	25.39	1,021.60	32.49	21.17
ROE(%)	12.97	10.56	15.21	107.13	11.39	13.61	15.21	112.29	111.05	
부채비율(%)	66.09	89.11	106.11		84.41	108.49	106.11	35.65	36.24	
당좌비율(%)	193.84	146.37	37.38		134.64	39.57	37.38	119.58	109.19	
유보율(%)	41,077.90	44,216.06	51,258.50		49,886.68	46,596.34	51,258.50	140,890.23	144,908.70	
EPS(원)	3,937	3,538	6,097	101,078	897	1,494	2,585	93,207	3,212	2,266
PER(배)	30.99	52.72	47.97	4.49	62.24	59.03	47.97	3.84	4.15	200.34
BPS(원)	35,847	39,913	49,961	158,391	47,560	44,439	49,961	148,906	153,343	
PBR(배)	3.40	4.67	5.85	2.87	5.61	6.67	5.85	2.53	2.72	
주당배당금(원)	314	376	402	791						
시가배당률(%)	0.26	0.20	0.14							
배당성향(%)	7.07	9.38	5.92							

(3) 전망

네이버쇼핑 성장과 함께 네이버 페이 거래액이 증가한 가운데 성과형 광고가 확대하면서 적용하고 웹툰 등의 콘텐츠 이용자 증가 등 전부문의 고른 성장으로 전년대비 보다 매출이 성장하면서, 스마트스토어와 브랜드스토어의 거래액이 확대하면서, 일본 전자상거래 시장에 진출하면서 클라우드 사업 부문의 수준이 본격화 등에 힘입어 매출 성장세로 이어갈 전망이다

나) 증권정보

(1) 개요

주식코드	035420
상장위치	코스피
업종	서비스업
WICS	양방향미디어와서비스

[표 29] 네이버 증권 정보 개요

시가총액	64조 4,734억 원
시가총액순위	코스피 3위
상장주식수	164,263,395
액면가/매매단위	100원/1주
외국인한도주식수(A)	164,263,395
외국인보유주식수(B)	93,112,250
외국인소진율(B/A)	56.68%

[표 30] 네이버

(2) 종목분석 및 재무현황

주가/전일대비/수익률	392,500원 / -9,000원 / -2.24%
52Weeks 최고/최저	465,000원 / 280,000원
액면가	100원
거래량/거래대금	256,557주 / 100,771백 만원
주가수익률/배당수익률	3.89%/0.1%

[표 31]네이버 시세 및 주주 현황

2) 카카오

가) 업체현황

소재지	제주특별자치도 제주시 첨단로 242 (영평동)
설립일	1995년 2월 16일
웹사이트	http://www.kakaocorp.com/
매출액	7조 6,000억 원 (2019년 기준)

카카오는 포털 사이트 Daum과 함께 우리나라의 대표적인 모바일 메신저 플랫폼 회사이다. 2010년 무료로 메시지를 주고받을 수 있는 '카카오톡' 서비스를 선보인 이후 계속 성장하고 있다. 자회사로는 카카오T와, 카카오M이 있다.

(1) 주요상품

①카카오톡
 언제 어디서나, 무료로 즐기는 모바일 메신저 플랫폼으로 현재의
카카오 회사를 만든 주력 상품이다. 기존의 양방향 소통에서 벗어나
오픈채팅, 라이브톡 등 다양한 콘텐츠를 제공하고 있다.

②카카오뱅크
 2017년 비대면 금융 서비스 시대를 열어가며 등장한 카카오뱅크는
현재 젊은층을 중심으로 다양한 혜택과 상품으로 꾸준히 성장해오
고 있다. 최근에는 오픈뱅킹 시스템을 도입하여 더욱 확장해 나갈
전망이다.

③카카오M
 카카오의 자회사로 음악, 음반 유통, 음악 콘텐츠 제작 및 투자를
하는 기업이다. 카카오M 산하 레이블로 아이유의 소속사인 이담 엔
터테인먼트와 스타쉽 엔터테인먼트 등 다양한 자회사를 두고 있다.

④ 카카오T
카카오의 자회사로 카카오모빌리티의 통합 교육 O2O플랫폼으로 카
카오택시 뿐만 아니라 카카오 블랙, 카카오 바이크, 기차예매, 내비
등 다양한 종류의 플랫폼으로 사용하고 있다.

(2) 매출 실적 및 비중 현황

주요재무정보	최근 연간 실적				최근 분기 실적					
	2018.12	2019.12	2020.12	2021.12(E)	2020.06	2020.09	2020.12	2021.03	2021.06	2021.09(E)
	IFRS 연결	IFRS 연결	IFRS 연결	IFRS 연결	IFRS 연결	IFRS 연결	IFRS 연결	IFRS 연결	IFRS 연결	IFRS 연결
매출액(억원)	24,170	30,701	41,568	59,656	9,529	11,004	12,351	12,580	13,522	16,422
영업이익(억원)	729	2,068	4,559	8,085	978	1,202	1,497	1,575	1,626	2,419
당기순이익(억원)	159	-3,419	1,734	10,116	1,452	1,437	-1,955	2,399	3,159	2,831
영업이익률(%)	3.02	6.73	10.97	13.55	10.26	10.92	12.12	12.52	12.03	14.73
순이익률(%)	0.66	-11.14	4.17	16.96	15.24	13.06	-15.83	19.07	23.36	17.24
ROE(%)	1.04	-5.81	2.70	14.17	-2.67	-1.33	2.70	5.00	6.90	
부채비율(%)	41.45	52.21	60.94		49.86	50.37	60.94	71.56	61.86	
당좌비율(%)	146.51	127.98	162.77		144.53	148.86	162.77	163.55	180.06	
유보율(%)	12,219.62	12,027.79	13,881.01		13,665.91	14,373.52	13,881.01	14,508.10	16,585.55	
EPS(원)	123	-717	355	2,180	320	290	-428	506	702	610
PER(배)	168.01	-42.82	219.25	71.32	-152.84	-404.46	219.25	144.96	151.91	254.77
BPS(원)	12,979	12,746	14,647	17,042	14,073	14,910	14,647	15,428	17,937	
PBR(배)	1.59	2.41	5.32	9.12	3.80	4.89	5.32	6.46	9.09	
주당배당금(원)	25	25	30	32						
시가배당률(%)	0.12	0.08	0.04							
배당성향(%)	20.99	-3.46	8.29							

카카오 매출 비중 내역

(3) 전망

현재 코로나19 사태로 인한 언택트 문화가 확산되면서 카카오는 이른바 '언택트 수혜'를 입는 기업 중 하나이다. 톡보드 광고, 채널, 선물하기 등 카카오톡 서비스의 양호한 성장세가 지속되고, 페이 거래액이 확대되고, 모빌리티 부문의 신규 서비스 출시 및 이용자 증가 등으로 매출 성장세가 이어갈 전망이다.

나) 증권정보
(1) 개요

주식코드	035720
상장위치	코스피
업종	서비스업
WICS	양방향미디어와서비스

[표 33] 카카오 증권 정보 개요

시가총액	53조 9,295 억원
시가총액순위	코스피 6위
상장주식수	445,698,246
액면가/매매단위	500원/1주
외국인한도주식수(A)	445,698,246
외국인보유주식수(B)	138,795,287
외국인소진율(B/A)	31.14%

[표 34] 카카오

(2) 종목분석 및 재무현황

주가/전일대비/수익률	121,500원 / -2,000원 / -1.62%
52Weeks 최고/최저	173,000원 / 73,362원
액면가	500원
거래량/거래대금	793,726주 / 96백만원
주가수익률/배당수익률	47.83%/0.02%

[표 35]카카오 시세 및 주주 현황

라. 엔터테인먼트 분야
  1) 엔씨소프트

    가) 업체 현황

소재지	서울시 강남구 테헤란로 509(삼성동)
설립일	1997년 3월 11일
웹사이트	https://kr.ncsoft.com/kr/index.do
매출액	1조 701억원 (2019년 기준)

  소프트웨어 개발 회사로 시작한 엔씨 소프트는 바람의 나라와 리니지를 성공시키면서 현재 대한민국을 대표하는 게임 회사로 자리 잡았다. 대부분의 게임을 자사에서 직접 개발중에 있으며, 현재는 온라인 RPG에 주력하는 모습을 보이고 있다.

(1) 주요상품

① 게임

리니지와 아이온, 러브비트를 흥행시킨 NC소프트는 리니지의 엄청난 성공을 통해 많은 성장을 이루었다. 현재는 리니지와 블레이드 앤 소울을 토대로 다양한 게임들을 개발중에 있으며, 최근 모바일에 주력했다가 다시 PC와 콘솔용 게임을 개발하고 있다.

② 야구단

2011년에 한국에서 9번째로 창단된 NC다이노스는 2013년 1군 리그에 참가한 것을 시작으로 NC소프트의 막강한 지원에 힘입어 좋은 성적을 내고 있다. 경기당 평균 7,259명의 관중수를 이끌고 있으며, 본사에서 새로운 게임이 출시되면 유니폼이나 전광판 등을 통해 적극 홍보에 활용하고 있다.

(2) 매출 실적 및 비중 현황

사업부문	매출유형	품목		제25기 반기	제24기	제23기
온라인 및 모바일 게임	온라인 게임	리니지	국 내	79,848	165,089	164,890
			해 외	5,527	10,579	9,180
			합 계	85,374	175,668	174,070
		리니지II	국 내	33,984	70,298	63,018
			해 외	16,395	34,199	30,570
			합 계	50,379	104,497	93,588
		아이온	국 내	39,860	34,581	33,698
			해 외	3,046	11,019	12,303
			합 계	42,906	45,600	46,002
		블레이드앤소울	국 내	11,342	33,871	41,842
			해 외	12,589	38,373	42,016
			합 계	23,931	72,244	83,858
		길드워2	국 내	–	–	–
			해 외	32,334	61,154	58,688
			합 계	32,334	61,154	58,688
	모바일 게임	리니지 M	국내 및 해외	306,791	828,747	834,674
		리니지2 M	국내 및 해외	370,236	849,606	143,910
	기타		국내 및 해외	50,748	60,630	68,886
	로열티		국내 및 해외	88,326	218,039	197,508
합 계				1,051,026	2,416,184	1,701,185

엔씨소프트 매출 비중 현황

(3) 전망

현재 엔씨소프트가 리니지W로 글로벌 흥행몰이에 성공하면서 올해 4분기 실적 반등에 성공 할 것으로 전망된다. 엔씨소프트는 주력 게임인 리니지 시리즈의 매출이 전년 대비 크게 하락하고 인건비와 마케팅 비용이 증가해 올해 1분기부터 3분기까지 실적 부진을 면치 못해왔지만, 지난달 출시한 리니지W가 출시 이후 애플리케이션 마켓 1위를 석권하며 흥행에 성공했기 때문이다.[33]

---

33)엔씨소프트, 실적 반등에 불씨 지폈다/ 연합 인포맥스

나) 증권정보

(1) 개요

주식코드	036570
상장위치	코스피
업종	서비스업
WICS	게임엔터테인먼트

[표 37] NC소프트 증권 정보 개요

시가총액	14조 8,409억 원
시가총액순위	코스피 25위
상장주식수	21,954,022
액면가/매매단위	500원/1주
외국인한도주식수(A)	21,954,022
외국인보유주식수(B)	11,414,893
외국인소진율(B/A)	44.95%

[표 38] NC소프트

(2) 종목분석 및 재무현황

주가/전일대비/수익률	676,000원 / -21,000원 / -3.16%
52Weeks 최고/최저	1,048,000원 / 555,000원
액면가	500원
거래량/거래대금	104,776주 / 71,650(백 만)
배당/주가수익률	+24.45%/+4.87%

[표 39]NC소프트 시세 및 주주 현황

2) 넷마블

가) 업체현황

소재지	서울특별시 구로구 디지털로 300, 20층 (구로동, 지밸리비즈프라자)
설립일	2011년 11월 17일
웹사이트	http://company.netmarble.com/
매출액	2조 1,786억 (2019년 기준)

(1) 주요상품

① 모바일 게임

최근 '리니지2 레볼루션'과 '마블 퓨처파이트'등의 흥행작을 선보이며 모바일 게임에 주력하는 모습을 보이고 있다. 꾸준히 인기를 끌고 있는 '모두의 마블'과 최근 인기 아이돌인 방탄소년단을 내세운 'BTS WORLD' 또한 화제를 불러 일으키며 성장세를 보이고 있다.

② PC 게임

'모두의마블 PC''스톤에이지 월드'등 PC게임도 함께 하고 있지만, 모바일 게임만큼의 실적을 내지는 않고 있다.

(2) 매출 실적 및 비중 현황

구분	2020년 1~3분기		2021년 1~3분기		1년 전 대비 매출 증감률
	매출	비중	매출	비중	
마블 콘테스트 오브 챔피온스	2614억	14.0%	2215억	12.6%	-15.3%
일곱 개의 대죄: 그랜드 크로스	3123억	16.8%	2002억	11.4%	-35.9%
제2의 나라: 크로스 월드	·	·	1949억	11.1%	·
리니지2 레볼루션	1768억	9.5%	1107억	6.3%	-37.4%
세븐나이츠2	·	·	1067억	6.1%	·
블레이드&소울 레볼루션	1573억	8.5%	851억	4.9%	-45.9%
해리포터: 호그와트 미스테리	799억	4.3%	816억	4.7%	2.1%
쿠키잼	833억	4.5%	711억	4.1%	-14.7%
마블퓨처파이트	623억	3.4%	533억	3.0%	-14.6%
마구마구 등 온라인	329억	1.8%	229억	1.3%	-30.3%
기타 (모바일)	5893억	31.7%	5007억	28.5%	-15.0%
기타	1055억	5.7%	1059억	6.0%	0.4%
매출	1조8609억	100.0%	1조7546억	100.0%	-5.7%

넷마블 매출 비중 현황

(3) 전망

증권 자료에 따르면 넷마블은 자회사를 설립하며 최근 주목 받고 있는 메타버스 영역에 적극적으로 진출하면서 메타 아이돌 프로젝트를 준비 중인 것으로 나타났다. 이어서 22년 상반기 완공 예정인 VFX 연구소를 통해 메타버스를 기반 신규 IP 개발, 게임과의 연결 등 사업 영역을 확대할 예정이다. 또한, 프로젝트 구체화 시 넷마블의 메타버스 사업에 대한 시장의 기대도 상승할 것으로 보인다.

나) 증권정보

(1) 개요

주식코드	251270
상장위치	코스피
업종	서비스업
WICS	게임엔터테인먼트

[표 41] 넷마블 증권 정보 개요

시가총액	10조 1,425 억원
시가총액순위	코스피 40위
상장주식수	85,953,502
액면가/매매단위	100원/1주
외국인한도주식수(A)	85,953,502
외국인보유주식수(B)	19,620,675
외국인소진율(B/A)	22.83%

[표 42] 넷마블

(2) 종목분석 및 재무현황

주가/전일대비/수익률	118,000원 / -1,500원 / -1.26%
52Weeks 최고/최저	110,000원 / 80,000원
액면가	100원
거래량/거래대금	37,763주 / 5,407백 만
주가수익률/배당수익률	+1.67%/+0.65%

[표 43]넷마블 시세 및 주주 현황

3) 스튜디오 드래곤

가) 업체 현황

소재지	서울특별시 마포구 매봉산로 75 1701호 (상암동, DMC)
설립일	2016년 5월 3일
웹사이트	http://www.studiodragon.net/front/kr/main /main
매출액	6천 068억 원

(1) 주요 제품

① 드라마 사업

CJ ENM의 자회사이기도 한 스튜디오 드래곤은 기존에 CJ ENM이 담당하던 드라마 사업부분이 물적분할된 기업이다. 현재는 주로 tvn과 OCN 드라마를 제작하고 있으며, 가끔씩 KBS, MBC와 같은 지상파 드라마도 제작하고 있다. 스튜디오 드래곤 내부 자회사로 4곳을 더 보유하고 있으며, 탄탄한 자본력을 바탕으로 유명한 대작 프로젝트를 꾸준히 흥행시켜오고 있다.

(2) 매출 실적 및 비중 현황

발표일	기말	주당순이익 / 예측	매출 / 예측
2022년 03월 15일	12/2022	-- / 580.00	-- / 181.70B
2022년 02월 17일	12/2021	-- / 1366	-- / 152.31B
2021년 11월 11일	09/2021	494.00 / 1570	116.1B / 120.61B
2021년 08월 17일	06/2021	315.00 / 2043	106B / 104.05B
2021년 05월 17일	03/2021	2080 / 2080	117.1B / 118.81B
2021년 02월 10일	12/2020	-99.08 / 1661	137.7B / 137.78B
2020년 11월 04일	09/2020	1603 / 282	106.3B / 110.01B
2020년 08월 05일	06/2020	304.00 / 415	161.4B / 158.5B
2020년 04월 24일	03/2020	310 / 894.65	120.3B / 119.98B
2020년 02월 05일	12/2019	165 / 165	97.4B / 100.25B
2019년 11월 14일	09/2019	377 / 1368	131.2B / 131.13B
2019년 08월 07일	06/2019	259 / 367	128.2B / 128.18B

스튜디오 드래곤 매출 비중 현황

(3) 전망

아시아 권역을 중심으로 탄탄한 팬층을 보유한 드라마 콘텐츠가
언택트 문화 확산세로 인해 전 세계에서 인정받기 시작하면서 시장
영향력이 점점 커지고 있다.

넷플릭스 외에 OTT 및 중국발 수출 모멘텀도 높아지고 있어 연간
30여편의 제작 콘텐츠 중에 넷플릭스를 통하지 않는 23개의 작품도
수익이 나쁘지 않을 것이라는 전망이다.

나) 증권정보

(1) 개요

주식코드	253450
상장위치	코스닥
업종	오락, 문화
WICS	방송과엔터테인먼트

[표 45] 스튜디오 드래곤 증권 정보 개요

시가총액	2조 6,322억 원
시가총액순위	코스닥 16위
상장주식수	30,014,185
액면가/매매단위	500원/1주
외국인한도주식수(A)	30,014,185
외국인보유주식수(B)	3,512,425
외국인소진율(B/A)	11.70%

[표 46] 스튜디오 드래곤

(2) 종목분석 및 재무현황

주가/전일대비/수익률	87,800원 / +1,700원 / +1.97%
52Weeks 최고/최저	113,000원 / 81,500원
액면가	500원
거래량/거래대금	38,449주 / 3,354백만 원
주가수익률/배당수익률	3.83%/0%

[표 47]스튜디오 드래곤 시세 및 주주 현황

4) 아프리카 TV

가) 업체현황

소재지	경기 성남시 분당구 판교로 288번길 15
설립일	1996년 4월 22일
웹사이트	corp.afreecatv.com
매출액	1,965억 6,647만원

(1) 주요상품

① 뉴미디어 플랫폼

BJ에게 선물할 수 있는 별 풍선과 구독으로 구성된 기부경제 선물과 광고 스킵, 본방입장 등 유저의 시청경험을 증가시킬 수 있는 퀵뷰/ 퀵뷰 플러스 등의 기능성 아이템으로 구성하였다.

② 광고

전통적인 디스플레이 광고형식의 플랫폼 광고와 당사의 라이브 스트리밍 특성을 활용하여 콘텐츠 자체를 광고화하는 콘텐츠형 광고로 구성하고, 멀티플랫폼 및 기타 매출은 오프라인 거점인 '오픈스튜디오'의 매출과 이외 기타 매출로 구성되어 있다.

(2) 매출 실적 및 비중 현황

구분	2020.12. IFRS연결	2019.12. IFRS연결	2018.12. IFRS연결	2017.12. IFRS연결
매출	1,966	1,679	1,266	946
영업이익	504	367	271	183
당기순이익	366	344	216	147
영업이익률	0.256	0.219	0.214	0.194
순이익률	0.184	0.203	0.168	0.155
ROE	0.276	0.325	0.266	0.232

아프리카 TV 매출 비중 현황[34)]

(3) 전망

아프라카는 최근 메타버스 드라이브에 집중하면서 블록체인 기반
대체불가토큰 콘텐츠 마켓플레이스 AFT마켓을 출시하면서 BJ아바
타 등 상품을 경매 방식으로 구매하고 재판매하기 가능했다.
따라서 구매한 BJ아바타는 아프리카TV가 만드는 메타버스 플랫폼
'프리블록스'에서 사용하면서 프리블록스는 참여자들이 아바타를 통
해 자유롭게 실시간 소통하며 함께 다양한 경제 활동을 할 수 있는
메타버스 플랫폼과 또한 그 이후, 프리블록스를 선보일 계획이다.

---

34) 언택트관련주 정리/주식정리

나) 증권정보

(1) 개요

주식코드	067160
상장위치	코스닥
업종	시스템 소프트웨어 개발 및 공급업
WICS	소프트웨어 개발

[표 49] 아프리카TV 증권 정보 개요

시가총액	2조 2,852 억원
시가총액순위	코스닥 19위
상장주식수	11,494,767
액면가/매매단위	500원/1주
외국인한도주식수(A)	11,494,767
외국인보유주식수(B)	6,008,773
외국인소진율(B/A)	52.27%

[표 50] 아프리카TV

(2) 종목분석 및 재무현황

주가/전일대비/수익률	198,900원 / +9,900원 / +5.24%
52Weeks 최고/최저	249,100원 / 55,700원
액면가	500원
거래량/거래대금	64,975주 / 1억 2,602백 만 원
주가수익률/배당수익률	11.37%/0.33%

[표 51]아프리카TV 시세 및 주주 현황

마. 제조업 분야

1) 효성ITX

가) 업체현황

소재지	서울특별시 영등포구 선유동2로 57 15층 (양평동4가, 이레빌딩)
설립일	1997년 5월 9일
웹사이트	https://www.hyosungitx.com/ko/index.itx
매출액	4천 841억 원

(1) 주요상품

① 컨텍센서 서비스 사업

 기업이나 공공기관에서 고객 응대에 보다 더 효율적인 관리를 제공하는 서비스이다. 문의, 주문접수, 불만접수, 상품판매 등 고객과 기업 사이의 창구 역할을 담당하며 해당 서비스를 위한 시설 구축과 운영 및 담당하는 관리 시스템을 함께 제공한다.

② IT서비스 사업

 클라우드, 시스템 관리, 시스템 유지, CDN서비스(콘텐츠 전송망 서비스)를 제공하는 사업이다. 특히 콘텐츠 전송망 서비스는 영화, 스포츠 등의 문화예술 콘텐츠를 인터넷을 통해 안정적이고 빠르게 전달해주는 역할을 담당하고 있다.

③ 디스플레이 솔루션 사업

 PC, TV, VCR, DVD 등의 각종 기기들의 신호를 받아 렌즈를 통해 스크린 상에 표현해 주는 장비인 프로젝터를 수입 및 판매하는 사업이다. 주로 일반 프로젝터(기업, 학교등에서 사용)와 디지털 영화 상영에 사용되는 디지털 시네마 프로젝터로 나뉜다.

(2) 매출 실적 및 비중 현황

구분	2020.12. IFRS연결	2020.12.(E) IFRS연결	2019.12. IFRS연결	2018.12. IFRS연결
매출	4,841	4,500	3,882	4,021
영업이익	168	150	130	113
당기순이익	127	130	108	75
영업이익률	0.035	0.033	0.034	0.028
순이익률	0.026	–	0.028	0.019
ROE	0.252	–	0.218	0.137

효성ITX 매출비중 현황[35]

(3) 전망

효성 ITX는 갤럭시아머니트리의 주식 654만 1875주를 보유해 16.68%의 지분율을 차지하고 있다. 갤럭시 아머니트리는 이날 자회사인 갤럭시아메타버스가 큐레이션 NFT플랫폼 '메타갤럭시아'를 정식 오픈한다는 소식에 상한가로 직행했다. 효성ITX의 기존 사업부문과 NFT플랫폼 선점의 앞으로 기대가 된다.

---

35) 언택트관련주 정리/주식정리

나) 증권정보

(1) 개요

주식코드	094280
상장위치	코스피
업종	서비스업
WICS	상업서비스와공급품

[표 53] 효성ITX 증권 정보 개요

시가총액	2,341 억원
시가총액순위	코스피 570위
상장주식수	11,558,200
액면가/매매단위	500원/1주
외국인한도주식수(A)	11,558,200
외국인보유주식수(B)	73,594
외국인소진율(B/A)	0.64%

[표 54] 효성ITX

(2) 종목분석 및 재무현황

주가/전일대비/수익률	20,250원 / -50원 / -0.25%
52Weeks 최고/최저	25,000원 / 18,250원
액면가	500원
거래량/거래대금	9,096주 / 186백만 원
주가수익률/배당수익률	3.8%/3.7%

[표 55] 효성ITX시세 및 주주 현황

바. 클라우드(재택근무) 분야

1) 이씨에스(ECS텔레콤)

가) 업체 현황

소재지	서울시 서초구 반포대로 28길8(서초동1543-1)
설립일	1999년 10월 7일
웹사이트	http://www.ecstel.co.kr/
매출액	69억 7,007만 원

ECS Telecom은 1999년 설립이래 컨택센터 산업분야의 영상회의, 통합 커뮤니케이션 등 디지털 워크플레이스 사업 분야에서 국내 1위를 자리를 지키고 있다. 빠르게 변하고 발전하는 시대 흐름과 기술 환경에 맞추어 지속적인 투자 개발을 통해 고객의 환경에 맞는 최적의 솔루션과 서비스를 제공하는 회사이기도 하다.

(1) 주요상품

① 컨텍센터

ECS Telecom은 컨텍센터 구축에 필요한 교환기, IVR, 네트워크 등 콜 인프라 시스템과 다양한 접속 경험을 일관성 있게 관리하기 위한 EMC(Enterprise Multi Channel), 센터의 효과적인 운영관리를 위한 통계/관리 시스템인 ERS(Enterprise Reporting Solution) 그리고, CTI를 위한 ETS(Enterprise telephony Service)를 자체 개발하여 스마트 컨텍센터를 위한 모든 솔루션을 제공한다.

② 비디오

회의실 형태와 장소등 업무 환경에 따른 맞춤형 영상회의 시스템 구축이 가능하며, 카메라 추적, 통합제어 및 회의실 예약 솔루션을 제공하여 사용자에게 최적의 몰입감과 편의성을 제공해준다.

③ ETaas(고객맞춤형 서비스)

복잡해진 IT환경을 위해 통합관리 및 운영 지원하여 고객사가 핵심 사업에만 집중할 수 있도록 전담 영업/PM/기술조직을 구성하여 체계적이고 일관된 서비스를 제공하고 있으며 신속한 전국 서비스를 위해 24시간 콜센터를 자체적으로 운영하여 사고접수, 자술지원, 진단 서비스를 통합적으로 제공하고 있다.

(2) 매출 실적 및 비중 현황

구분 년	매출액 (억 원)	증감 (%)	영업이익 (억 원)	이익률 (%)	순이익 (억 원)	이익률 (%)
2018.3	619	11.17	26	4.12	29	4.76
2019.3	634	2.41	14	2.23	19	2.97
2020.3	704	11.03	35	4.98	39	5.49

이씨에스 매출 비중 현황

(3) 전망

현재는 초기 단계이지만, 향후 AI 기술이 가장 활약하는 분야인 콘택트센터는 지능형 콘택트센터(Intelligent Contact Center, ICC) 형태로 진화할 것 으로 예상된다. 빅데이터를 활용한 고객 맞춤 상담, 음성 인식 솔루션 기반 의 고객 서비스, 클라우드 기반의 솔루션 등 지능형 콘택트센터의 역할이 더욱 중요해질 전망이다.

나) 증권정보

(1) 개요

주식코드	067010
상장위치	코스피
업종	응용 소프트웨어 개발 및 공급업
WICS	업무용교환솔루션,콜센타교환솔루션 개발/사설 교환기,단말기(중계대) 제조,도소매

[표 57] 이씨에스 증권 정보 개요

시가총액	749억 원
시가총액순위	코스피 1124위
상장주식수	12,294,000
액면가/매매단위	500원/1주
외국인한도주식수(A)	12,294,000
외국인보유주식수(B)	105,315
외국인소진율(B/A)	0.86%

[표 58] 이씨에스

(2) 종목분석 및 재무현황

주가/전일대비/수익률	6,080원 / -200원 / -3.18%
52Weeks 최고/최저	11,300원 / 4,885원
액면가	500원
거래량/거래대금	184,727주 / 1,134백만
주가수익률/배당수익률	15.74%/1.59%

[표 59]이씨에스 시세 및 주주 현황

2) 삼성SDS

가) 업체현황

소재지	서울특별시 송파구 올림픽로35길 125 (신천동)
설립일	1985년 5월 1일
웹사이트	http://company.netmarble.com/
매출액	10조 7196억 원 (2019년 기준)

(1) 주요상품

① IT서비스

주로 고객의 수주에 맞게 IT시스템을 구축하는 컨설팅/SI와 구축한 시스템 및 인프라를 운영하는 아웃소싱으로 나뉜다. 컨설팅/SI는 매출과 수익의 변동성이 있지만 안정적이며 수익성이 높은 아웃소싱 업무를 위한 사전 단계가 되고 있다. 매출에서는 인프라에 대한 수요가 주된 변수로 작용하고 있으며, 아웃소싱 비중이 커지면서 수익창출에 대한 개선점이 보이고 있다.

② 물류BPO

2011년부터 삼성전자의 글로벌 사업장에 물류 서비스를 제공하고 있다. 자체적으로 개발한 솔루션에 기반하여 물류 실행을 최적화하고, 원가절감과 효율성을 극대화시키고 있다. 삼성전자의 물량에 대한 물류 서비스를 제공하기에 삼성전자의 흥행이 매출에 큰 영향을 끼치고 있다.

(2) 매출 실적 및 비중 현황

단위:억원	1Q20	4Q19	QoQ	1Q19	YoY
매출액	24,361	27,827	-12.5%	25,025	-2.7%
IT 서비스	12,857	15,048	-14.6%	14,250	-9.8%
물류	11,504	12,779	-10.0%	10,775	+6.8%
영업이익	1,712	3,262	-47.5%	1,985	-13.7%
(%)	7.0%	11.7%	-4.7%p	7.9%	-0.9%p
IT 서비스	1,564	2,982	-47.5%	1,941	-19.4%
물류	148	280	-47.2%	44	+240%
순이익*	-303	2,589	-	1,410	-
(%)	-	9.3%	-	5.6%	-

* 합병영업권 손상 법인세 비용 1,639억원 반영

그림 39

삼성SDS 매출 비중 현황

(3) 전망

현재 코로나19의 여파로 삼성SDS는 .스마트 물류분야에서 경쟁력을 확보에 기여하였다. 이로 인해, 스마트 물류 시스템이 적용된 디지털 전환 기반의 차세대 물류 터미널로 2022년에 문을 연다는 전망으로 자동화 물류 서비스를 제공할 계획이다.

나) 증권정보
(1) 개요

주식코드	018260
상장위치	코스피
업종	서비스업
WICS	IT서비스

[표 61] 삼성SDS 증권 정보 개요

시가총액	12조 1,870 억원
시가총액순위	코스피 34위
상장주식수	77,377,800
액면가/매매단위	500원/1주
외국인한도주식수(A)	77,377,800
외국인보유주식수(B)	8,782,276
외국인소진율(B/A)	11.35%

[표 62] 삼성SDS

(2) 종목분석 및 재무현황

주가/전일대비/수익률	157,500원 / 0원 / 0.0%
52Weeks 최고/최저	229,500원 / 142,500원
액면가	500원
거래량/거래대금	25,574주 / 4,031백 만원
주가수익률/배당수익률	+1.7%/+1.52%

[표 63] 삼성SDS 시세 및 주주 현황

3) 더존비즈온

가) 업체현황

소재지	강원 춘천시 남산면 수동리 240번지
설립일	1977년 8월 20일
웹사이트	http://www.douzone.com/
매출액	10조 7196억 원 (2019년 기준)

(1) 주요상품

① ERP시스템

주로 중소기업이나 세무회계사무소에 제공하고 있으며, 대표 상품으로는 lite ERP 가 있다. 현재까지 약 10만 개의 회사에 공급된 제품이며, 전체 매출에서 ERP 시스템이 차지하는 비중이 매우 크다.

(2) 매출 실적 및 비중 현황

▶ **Earnings Forecasts**　　　　　　　　　　　　　　　　　　　(단위: 십억원, %)

	2019	2020	2021E	2022E	2023E	2024E	2025E
매출액	263	306	338	400	460	518	574
영업이익	67	77	84	115	137	159	180
EBITDA	89	103	111	141	165	188	211
순이익	51	58	59	87	104	121	136
자산총계	727	799	836	912	930	1,037	1,160
자본총계	363	398	438	508	593	695	813
순차입금	224	189	171	123	55	(30)	(132)
매출액증가율	15.7	16.7	10.4	18.3	15.0	12.6	10.7
영업이익률	25.4	25.0	24.9	28.6	29.8	30.6	31.3
순이익률	19.4	18.9	17.5	21.7	22.5	23.3	23.8
EPS증가율	20.3	12.0	(1.4)	44.4	19.3	16.3	13.0
ROE	18.9	15.4	14.3	18.6	19.0	18.8	18.2

더존 비즈온 매출 실적 현황

(3) 전망

　최근 더존 비즈온이 신용 정보 업 가운데 기업정보를 수집·통합·분석·가공할 수 있는 '기업정보 조회 업' 본 허가를 비 금융권 회사 중 처음으로 획득했다. 정책금융기관, 은행, 카드·증권사의 중소기업 신용평가에 쓰일 데이터를 전문적으로 제공해 금융서비스 인접분야 사업영역을 확대하고, 기존 매출채권 팩토링 사업과 함께 중소기업 대상 자금조달·금융지원의 문턱을 낮추는 데 기여할 전망이다.

나) 증권정보

(1) 개요

주식코드	012510
상장위치	코스피
업종	서비스업
WICS	소프트웨어

[표 65] 더존비즈온 증권 정보 개요

시가총액	2조 3,121억 원
시가총액순위	코스피 139위
상장주식수	30,382,754
액면가/매매단위	500원/1주
외국인한도주식수(A)	30,382,754
외국인보유주식수(B)	12,191,630
외국인소진율(B/A)	40.13%

[표 66] 더존비즈온

(2) 종목분석 및 재무현황

주가/전일대비/수익률	76,100원 / -300원 / -0.39%
52Weeks 최고/최저	117,500원 / 73,300원
액면가	500원
거래량/거래대금	23,650주 / 1,806 백 만원
주가수익률/배당수익률	+4.99%/+0.59%

[표 67] 더존비즈온 시세 및 주주 현황

사. 음식배달(포장) 분야

1) 태경케미컬

가) 업체 현황

소재지	서울특별시 강서구 공항대로 467(등촌동)
설립일	1970년 11월
웹사이트	http://taekyungchemical.co.kr/pc/company/info
매출액	152억 원

(1) 주요상품

① 드라이아이스

드라이아이스는 탄산가스(CO_2)를 -79.8°C로 냉각 및 압축하여 생산하며 식품 등의 보냉 보존 및 급속냉각제 용도로 사용됩니다. 주요 공급처는 쿠팡, 마켓컬리, 씨제이대한통운, 롯데제과, 롯데푸드 등이다.

② 액체탄산가스

액체탄산가스는 탄산가스(CO_2)를 파이프로 수급 후 정제/압축/액화하여 생산한다. 맥주 및 탄산음료의 식품 첨가용, 타 가스와 혼합하여 국소마취제/살충제/소독 가스 제조, 식물성장 촉진제, 곡물 저장, 감의 탄닌 제거 등의 용도로 사용된다. 주요 공급처는 하이트진로, 코카콜라음료, 롯데칠성, 오비맥주 등이 있다.

(2) 매출 실적 및 비중 현황

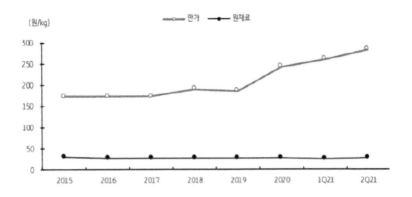

태경케미컬 매출 비중 현황

(3) 전망

코로나19 이후 잘나가던 드라이아이스 업계1위인 태경케미컬의 주
가가 올해 하반기 들어 지지부진하다. 여전히 드라이아이스 수요는
크다고 하지만 위드 코로나 이후에도 배송시장의 활기가 더욱 살아
나면 태경케미컬이 성장할 것으로 전망한다.

나) 증권정보

(1) 개요

주식코드	006890
상장위치	코스닥
업종	산업용 가스 제조업
WICS	드라이아이스, 액체탄산 제조

[표 69] 태경케미컬 증권 정보 개요

시가총액	1,462 억원
시가총액순위	코스닥 714위
상장주식수	11,600,000
액면가/매매단위	500원 / 1주
외국인한도주식수(A)	11,600,000
외국인보유주식수(B)	279,086
외국인소진율(B/A)	2.41%

[표 70] 태경케미컬

(2) 종목분석 및 재무현황

주가/전일대비/수익률	12,550원 / -150원 / -1.18%
52Weeks 최고/최저	22,200원 / 11,350원
액면가	500원
거래량/거래대금	14,333주 / 181 백만
주가수익률/배당수익률	+18.65%/+1.19%

[표 71] 파마리서치프로덕트 시세 및 주주 현황

2) 삼륭물산

가) 업체현황

소재지	경기도 안산시 단원구 번영로 192
설립일	1980년 8월
웹사이트	http://www.srpack.com
매출액	224 억 원

(1) 주요 상품

① 카톤팩

카톤팩은 우유나 주스 또는 청량음료을 담을 수 있는 액체 음료 포장용기오서 천연 펄프로 만든 판지의 양면에 무균 Polyethlene 코팅처리 하여 만든 원단에 최고급 인쇄(offset), 타발 및 접착공정을 거쳐 만든 사각기둥 모양의 용기이다. 음료를 포장하는 용기로서 엄격한 위생 및 품질관리가 요구된다.

(2) 매출 실적 및 비중 현황

(단위 : 백만원,%)

사업부문	매출유형	구체적 용도	매출액(비율)	비 고
제조	제품	우유팩	36,157(93.1%)	
도매	상품	스파우트캡	51(0.1%)	
부동산	임대	물류창고외	2,625(6.8%)	
계	-	-	38,833(100%)	

삼륭물산 매출 비중 현황

(3) 전망

삼륭물산은 위생용 포장용기 제조 및 판매 사업을 진행하면서
카톤팩을 제조*판매한다. 카톤팩은 진입장벽이 높은 산업으로
꼽히는데 삼륭물산은 국내시장 점유율 약30% 차지하고 있다.
통계청에 따르면 삼륭물산은 친환경패키징 사업과 관련해 ISO인증
및 전담 품질 안전팀을 배치해 공정 개발, 안정화, 품질 균일화
등을 위해 노력하면서 다양한 친환경 패키징 소재를 보유할
전망이다.

나) 증권 정보

(1) 개요

주식코드	014970
상장위치	코스닥
업종	식품 위생용 종이 상자 및 용기 제조업
WICS	카톤팩 제조, 판매

[표 73] 삼륭물산 증권 정보 개요

시가총액	1,066 억 원
시가총액순위	코스닥 903위
상장주식수	15,125,000
액면가/매매단위	500원 / 1주
외국인한도주식수(A)	15,125,000
외국인보유주식수(B)	43,791
외국인소진율(B/A)	0.29%

[표 74] 삼륭물산

(2) 종목분석 및 재무현황

주가/전일대비/수익률	7,080원 / +120원 / +1.72%
52Weeks 최고/최저	11,100원 / 6,320원
액면가	500원
거래량/거래대금	201,543주 / 1,472백만 원
주가수익률/배당수익률	-%/ +1.61%

[표 75] 삼륭물산 시세 및 주주 현황

3) 신풍제지

가) 업체현황

소재지	경기도 평택시 포승 읍 평택항로268번 길 84
설립일	1960년 1월
웹사이트	http://www.shinpoongpaper.com
매출액	42 억 원

(1) 주요 상품

① 백판지

백판지는 고품질 안료 코팅을 편면에 실시하여 식품, 전자제품, 티슈, 세제, 장난감등 다양한 산업 제품의 포장용도로 널리 쓰이고 있다.

또한, 백판지는 우리의 생활에서 발생되는 다양한 종류의 재활용 폐지를 주원료로 하여 제조되며, 자원절약과 환경보존이라는 가치를 실현하면서, 산업의 발달에 따라 더욱 수요가 늘어나고 있는 분야이며, 고품질의 인쇄와 후가공을 요하고 있는 발전하는 분야이다.

(2) 매출 실적 및 비중 현황

구 분	19. 12	전분기 대비	전년동기 대비
매출	408억	▼1.2%	▲27%
영업이익	36.5억	▼27%	▲215%
영업이익률	9.0%	▼3.0%p	▲5.4%p
당기순이익	38.3억	▲4.9%	흑자전환

신풍제지 매출 비중 현황

(3) 전망

신풍제지는 포장재, 종이용기 제조업 등의 사업을 영위하는
기업이므로 KTB투자증권에 따르면, 골판지 산업의 관점화화 재편에
대한 이야기는 오래전부터 반복된 것이지만 올해 원재료 상승
국면에서, 원재료 하락 국면인 2018년보다 더 좋은 실적을 기록해
변화가 생겼음을 증명하면서 산업이 재편됨에 따라 스프레드
유지력, 판가 전가력, 원재료 수급 안정성이 생겨 실적 성장을 이어
갈 것으로 전망했다.

나) 증권 정보

(1) 개요

주식코드	002870
상장위치	코스닥
업종	크라프트지 및 상자용 판지 제조업
WICS	마닐라판지 제조

[표 77] 신풍제지 증권 정보 개요

시가총액	818 억 원
시가총액순위	코스닥 914위
상장주식수	34,958,700
액면가/매매단위	500원 / 1주
외국인한도주식수(A)	34,958,700
외국인보유주식수(B)	347,116
외국인소진율(B/A)	0.99%

[표 78] 신풍제지

(2) 종목분석 및 재무현황

주가/전일대비/수익률	2,340원 / -15원 / -0.64%
52Weeks 최고/최저	5,070원 / 2,025원
액면가	500원
거래량/거래대금	332,723주 / 789백만 원
주가수익률/배당수익률	+2.8%/ +0.82%

[표 79] 신풍제지 시세 및 주주 현황

6.
결론

6. 결론

이상으로 '포스트 코로나'에 관련한 '언택트 산업'에 대해 알아보았다. 우리나라뿐만이 아니라 전 세계적으로 '언택트 산업'에 대한 관심이 높아 보인다.

코로나 19 사태가 상당히 길어지고 있는 최근, '언택트 문화'를 바탕으로 한 '언택트 산업'으로의 변화에 무관한 업무는 없을 것 같다. 건강하고 안전한 삶을 살아가면서 경제 활동에 지장이 없이 나라를 이끌어 갈 동력으로 '언택트 산업'의가치는 이미 상당 폭 커져있다고 생각한다.

경제를 살리기 위해 국고를 쏟아 붇는 와중에 새로운 발전 동력으로 주목받는 언택트 분야와 데이터 산업은 이미 전 세계의 흐름이 되고 있다.

언택트 관련 주식들은 대부분이 높은 확률로 상승세를 보이고 있으며, 많은 분야에서 적극적으로 언택트 업무와 관련한 노력을 보이고 있다. 앞으로도 코로나 19 이전으로 돌아갈 수 없는 우리에게 미래를 개척하는 판도로서 '언택트 산업'의 역할은 크게 다가올 것이다.

초판 1쇄 인쇄 2020년 09월 11일
초판 1쇄 발행 2020년 10월 05일
개정판 발행 2022년 2월 01일

편저 비피기술거래 비피제이기술거래
펴낸곳 비티타임즈
발행자번호 959406
주소 전북 전주시 서신동 780-2 3층
대표전화 063 277 3557
팩스 063 277 3558
이메일 bpj3558@naver.com
ISBN 979-11-6345-331-4(13320)

이 도서의 국립중앙도서관 출판예정도서목록(CIP)은 서지정보유통지
원시스템홈페이지(http://seoji.nl.go.kr)와국가자료공동목록시스템
(http://www.nl.go.kr/kolisnet)에서 이용하실 수 있습니다.